Jean-Marc Gourbillon

AU PLAISIR DU
potager

INTRODUCTION

JARDIN PROPRE, JARDIN DE VIE !

La pratique actuelle du jardinage fait que l'impact du jardinier sur l'environnement est malheureusement de plus en plus désastreux (pollution de l'eau par les pesticides, élimination progressive de la biodiversité, etc.). Nous, jardiniers amateurs, sommes des utilisateurs de ces produits phytosanitaires. À nous de modifier notre comportement et d'apprendre à soigner notre potager avec des recettes simples à base de différentes plantes, comme le faisaient nos aïeux.

Jardiner propre, c'est avoir une autre philosophie sur l'environnement. Pour cela, changeons nos habitudes, par exemple en récupérant l'eau des gouttières pour l'utiliser à bon escient, en paillant au maximum pour éviter une évaporation trop rapide, en faisant une bonne rotation des légumes d'une année sur l'autre, en protégeant les insectes amis du jardinier, comme la coccinelle ou le perce-oreille, au moyen d'un hôtel à insectes. Évidemment la liste n'est pas exhaustive. Une dernière chose : privilégiez le désherbage à la raclette ; c'est une bonne activité physique, préférable à l'emploi d'un poison qui détruit la vie. Le potager est un écosystème qu'il faut protéger absolument ; c'est aussi un lieu riche pour observer la nature. Faisons découvrir à nos enfants toute la diversité de celle-ci, pour qu'un jour ils soient en mesure de choisir leur façon de vivre, d'apprécier la nature et de consommer des fruits et légumes de bonne qualité.

Ce livre raconte les fruits, les légumes et les herbes aromatiques : leur origine, leur histoire, les principales variétés, les maladies rencontrées, la récolte et la conservation. De plus, quelques lignes sont consacrées aux bienfaits nutritionnels des produits récoltés au fil des saisons. En regard, des recettes sont concoctées avec une grande simplicité, mais avec le mérite de titiller les papilles le plus souvent familiarisées aux purées, aux cuissons vapeur et aux compotes. Expliquer comment semer, planter, récolter, transformer et cuisiner sa propre récolte, reste pour moi un plaisir constant, d'autant que de plus en plus de consommateurs émettent le désir de manger des denrées saines cultivées le plus naturellement possible.

Je souhaite que les jardiniers et les cordons bleus les plus avertis comme les plus novices trouvent la clef des saisons. Respectons celles-ci afin de garantir l'authenticité du goût et la pleine maturité des denrées, une qualité essentielle pour notre santé.

Je n'ai pas la prétention du savoir, mais juste l'envie de partager quelques idées cultivées depuis plusieurs décennies.

Jean-Marc GOURBILLON

SOMMAIRE

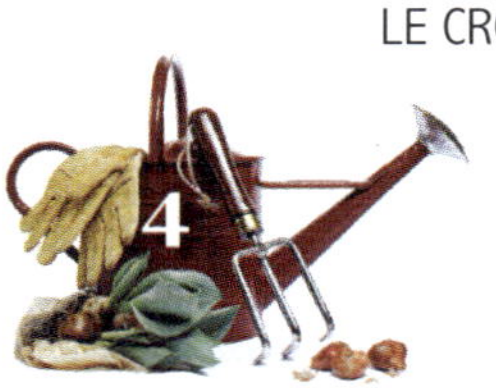

Jardinage « biologique »

Par définition, le jardinage « bio » se fait sans l'utilisation d'engrais chimiques et de pesticides de synthèse, afin d'éliminer de la production végétale les résidus nocifs. De ce fait, c'est une méthode favorable à la santé tout en préservant les sols et les nappes phréatiques. Trop de jardiniers encore utilisent des fertilisants et des pesticides chimiques, sans en connaître les graves conséquences sur leur santé. Des légumes trop riches en nitrates et contenant des résidus de pesticides polluent ainsi les nappes phréatiques, détruisent le sol et éliminent les auxiliaires en même temps que les ravageurs…

Pour bien réussir le « bio-jardinage », il faut un sol riche en humus et équilibré, capable de nourrir efficacement les plantes. La terre de votre potager doit rester vivante, car elle abrite de nombreuses espèces qui jouent un rôle bien défini. Il y a, entre autres, les bactéries qui libèrent les éléments minéraux, les champignons qui participent à l'élaboration de l'humus, sans oublier les lombrics qui incorporent la matière organique au sol. Il est très important de ne pas apporter trop d'azote ni de compost insuffisamment décomposé, qui est de ce fait porteur de maladies.

La fertilisation se fait selon les besoins de chaque légume, par l'apport de compost, de fumier, et par l'utilisation d'engrais vert comme la moutarde, le trèfle, l'épinard, la phacélie, etc. Le jardinier « bio » utilise des produits naturels comme le savon noir liquide ou diverses plantes en macération pour traiter les plantes. En prévention contre certaines maladies, la bouillie bordelaise et le soufre sont deux fongicides intéressants et propres, à condition de bien respecter le dosage. La culture « bio » dans les jardins s'avère intéressante et passionnante, elle mérite d'être appliquée de plus en plus.

Quels traitements naturels contre les maladies ?

Les maladies des légumes et des arbres fruitiers sont d'origine virale, bactérienne ou cryptogamique, c'est à dire provoquées par un champignon. Mais les conditions climatiques peuvent en être aussi la cause. Ce sont deux champignons, le mildiou et l'oïdium, qui ravagent le plus le potager.

LE MILDIOU

LA MALADIE : Suite à un excès d'humidité, le mildiou peut détruire une récolte. Les feuilles se dessèchent et portent des taches jaunes puis brunes. Les fruits se tachent aussi de jaune puis de brun pour ensuite pourrir. Il se dégage alors une odeur désagréable et forte. La pomme de terre et la tomate sont les plantes les plus sensibles au mildiou. Celui-ci assaille aussi les épinards, les laitues, les choux, les aubergines, le cerfeuil, les poivrons, les carottes, les fèves, les céleris, les oignons, les pois… bref, une majeure partie du potager.

LE CONSEIL MALIN : Supprimez les parties atteintes. Coupez et mettez de côté les parties touchées pour éviter une propagation. Respectez les distances de plantation, donnez de l'air à vos plants afin d'éviter que les légumes ne se contaminent entre eux. En effet, le mildiou se propage d'un plant à un autre. Certaines espèces de tomates et de pommes de terre sont réputées pour ne pas succomber au mildiou. Les traitements à titre préventif, comme le soufre et le cuivre, sont les seuls fongicides autorisés en agriculture biologique. Ils peuvent être pulvérisés pour lutter contre ces maladies. Entièrement biodégradable, la bouillie bordelaise est autorisée en jardinage « bio ». Il vous suffit de diluer avec de l'eau la dose indiquée sur l'emballage, et de pulvériser au tout début de la maladie. Vous pouvez l'appliquer lorsque le temps est humide puis chaud. En culture « bio », la bouillie bordelaise ne doit contenir que du sulfate de cuivre neutralisé à la chaux éteinte. Pulvérisez une décoction de prêle diluée, 2 fois à 24 h d'intervalle, un mélange eau/bicarbonate de soude ou de l'extrait d'algue.

L'OÏDIUM

LA MALADIE : L'oïdium est causé, comme toutes les maladies cryptogamiques, par un champignon microscopique, mais alors que les autres champignons nécessitent un fort taux d'humidité, l'oïdium peut se développer par temps sec. Son attaque débute par un feutrage blanc présent sur le dessus de la feuille, puis celle-ci se boursoufle et dessèche. L'oïdium est favorisé lorsque la différence de température nuit/jour est importante. C'est souvent en mai que la maladie apparaît et touche pratiquement tous les légumes du potager. Les cucurbitacées sont particulièrement touchées, mais aussi les carottes, aubergines, endives, mâches, melons, haricots, fraisiers, pissenlits… Certains fruits aussi sont parfois infectés, comme la pomme et le coing par exemple.

LE CONSEIL MALIN : Supprimez les feuilles touchées et brûlez-les. Optez pour un purin de prêle ou une infusion d'ail additionnée de lait. Ces traitements biologiques naturels permettent de lutter contre l'oïdium tout en préservant l'environnement et la fertilité du sol. Les traitements au soufre ou à la bouillie bordelaise utilisables en agriculture biologique sont de bons produits. Un mélange d'eau et de bicarbonate de soude est également efficace. Le pH basique du bicarbonate prévient en effet la formation du champignon.

LA ROUILLE

LA MALADIE : La rouille est assez facile à repérer et à reconnaître. La face supérieure de certaines feuilles présente des auréoles rougeâtres ou jaunâtres, et lorsque l'on retourne la feuille, on découvre, sur sa face inférieure, de petites pustules poudreuses dont la couleur varie du beige au brun, en passant par le jaune et l'orange. Les champignons causant la rouille se développent mieux lorsque le temps est pluvieux, ou l'ambiance humide (serre). Des arrosages répétés du feuillage en été favorisent aussi l'apparition de la maladie. Enfin, une mauvaise circulation de l'air (endroit confiné, végétaux trop serrés les uns contre les autres, feuillage très dense…) est également une cause d'apparition de la rouille. Bien souvent, lorsque les conditions deviennent moins favorables aux champignons, la maladie disparaît d'elle-même (moins d'humidité, meilleure aération).

LE CONSEIL MALIN : Le premier geste à adopter en cas d'attaque de rouille est de couper les feuilles infectées et de les brûler. Ensuite, il faut lutter contre le champignon, en appliquant un traitement antifongique biologique : par exemple une solution à base de soufre, ou un traitement naturel comme le purin de prèle ou d'ortie.

L'ALTERNARIOSE

LA MALADIE : Maladie attaquant la pomme de terre et la tomate, elle se signale par un flétrissement du feuillage et un pourrissement des légumes et des fruits.

LE CONSEIL MALIN : Ne serrez pas vos plantations. Arrosez toujours au pied et non sur le feuillage. Exercez la rotation des plantes car le champignon se conserve dans le sol. Brûlez les pieds atteints. Une application de bouillie bordelaise par temps humide mais non pluvieux de façon préventive est idéale pour éviter cette maladie.

L'ANTHRACNOSE

LA MALADIE : Cette maladie est due à un champignon attaquant les fruitiers (cerisier, groseillier, framboisier, vigne) et les légumes (haricot, pois, tomate…), ainsi que les arbres et arbustes d'ornement. Après les feuilles, des taches rondes et brunes de dessèchement apparaissent sur les fruits.

LE CONSEIL MALIN : Surveillez les débuts de la maladie et brûlez les feuilles et tiges attaquées. Traitez préventivement à la bouillie bordelaise. Faites impérativement la rotation des cultures, surtout pour la salade, très sensible à la maladie. Ne laissez pas les débris de vos récoltes sur le sol ni dans le composteur.

LE CHANCRE

LA MALADIE : Les branches du pommier et du poirier se couvrent d'excroissances rugueuses. Les rameaux peuvent mourir. La présence dans l'écorce de crevasses qui s'écaillent est un symptôme typique du chancre de l'arbre fruitier. Le champignon infecte les arbres fruitiers par temps pluvieux et humide via les plaies causées par la grêle et la taille. Une trop forte fertilisation en azote favorise en outre cette maladie.

LE CONSEIL MALIN : Il est très difficile de lutter contre cette maladie. Faites un « curetage » des plaies, en prenant soin de bien éliminer les parties malades. Appliquez de la bouillie bordelaise sur les plaies nettoyées. Pensez, pendant la taille, à désinfecter régulièrement vos sécateurs : ceux-ci doivent être parfaitement aiguisés ; évitez les sécateurs à enclume qui écrasent les branches. Vérifiez lors de l'achat de vos plants qu'ils ne sont pas déjà atteints.

LA CLADOSPORIOSE

LA MALADIE : Sur les cucurbitacées et principalement les melons, des taches se creusent sur les tiges et les fruits, couvertes d'un duvet olivâtre au centre. Sur les feuilles, des taches grisâtres apparaissent. Sur les tomates, la maladie forme sur les feuilles des taches jaunes présentant à la face inférieure un duvet grisâtre. Le feuillage peut être entièrement envahi et la récolte réduite voire détruite. La maladie se développe par temps chaud et humide, surtout en serre, c'est-à-dire dans des endroits fermés.

LE CONSEIL MALIN : Maintenez de bonnes distances entre les rangs, de façon que les plantes soient bien aérées. Un traitement préventif à la bouillie bordelaise est nécessaire.

LA CLOQUE DU PÊCHER

LA MALADIE : La cloque du pêcher s'attaque aux feuilles, aux jeunes pousses fragiles, et plus rarement aux inflorescences et aux fruits. Les feuilles infectées se distinguent par leur couleur notablement plus rouge ou plus pâle que la normale, et elles prennent un aspect tordu et enroulé. La maladie peut affecter seulement quelques feuilles, mais elle peut gagner la presque totalité du feuillage. Les feuilles malades tombent de l'arbre à la fin juin. Quelquefois, les pousses terminales sont atteintes, elles sont alors moins longues avec une apparence boursouflée. Elles prennent une couleur jaune et ne produisent que des feuilles tordues.

LE CONSEIL MALIN : Il existe des variétés moins sensibles comme les pêches de vigne. Traitez à la bouillie bordelaise avant l'éclosion des fleurs. La décoction de prèle a des effets bénéfiques.

LA BOTRYTIS

LA MALADIE : C'est une maladie particulièrement nuisible des laitues. Les feuilles sous la végétation et au contact du sol sont les premières attaquées. Une pourriture humide marron à brune apparaît, elle se transmet ensuite aux autres feuilles et au collet. Les salades flétrissent plus ou moins rapidement, puis jaunissent et meurent. Des attaques aériennes sur les jeunes feuilles peuvent également intervenir et s'étendre au cœur. On rencontre cette maladie en culture de plein champ et sous abri, le champignon se développant en conditions humides et lorsque la température est comprise entre 17 et 23 °C. Cette maladie attaque aussi les fraisiers.

LE CONSEIL MALIN : Supprimez tous les plants de salade et replantez de nouveau. Faites la même chose avec les fraisiers.

Quels traitements naturels contre les parasites ?

Les ravageurs peuvent causer de gros dégâts dans un potager. Utilisez des traitements naturels lorsqu'ils sont nombreux, mais laissez les ennemis naturels s'en charger à votre place dans le cas contraire. Dans tous les cas, luttez naturellement contre les principaux parasites des cultures.

LES LIMACES ET ESCARGOTS

Ils dévorent les jeunes plants, bien que les escargots se nourrissent principalement de déchets végétaux. Si vous travaillez une terre lourde et humide, vous avez plus de chance d'en rencontrer dans votre potager. Ils sont particulièrement gênants au printemps et en automne.

Le conseil malin :

1. Placez une barrière de coquilles d'œuf écrasées au pied de vos plantes. Elle empêchera limaces et escargots d'y grimper et de les dévorer.
2. Retournez des pots de fleurs ou un demi-pamplemousse vidé de sa chair à proximité de la plante à protéger. Les indésirables iront s'y abriter pour passer la journée. Il ne vous reste plus qu'à les ramasser.
3. Quelques feuilles de rhubarbe posées à même le sol éloignent les gastéropodes qui n'apprécient guère leur odeur.
4. Les pièges à bière sont connus. Enterrez un récipient plein de bière et d'eau. Attirées par l'odeur, les limaces viendront s'y noyer.
5. Le purin d'absinthe s'utilise aussi contre les mollusques, pour cela faites macérer 2,5 kg de feuilles, tiges et fleurs fraîches hachées dans 10 l d'eau de pluie pendant une dizaine de jours. Filtrez et utilisez sans diluer.

LES PUCERONS

Rares sont les légumes qui ne sont pas dévorés par ces petites bêtes !

Le conseil malin :

1. Versez 1 l d'eau bouillante sur 100 g d'absinthe fraîche hachée, couvrez et laissez macérer jusqu'à refroidissement. Filtrez à travers un tamis et versez dans un vaporisateur. Ajoutez 1 cuillère à café d'huile végétale, mélangez et vaporisez sur vos plantes. L'huile sert à coller le produit sur le feuillage.
2. Versez ½ l d'eau bouillante sur 2 gousses d'ail hachées. Filtrez, laissez refroidir et pulvérisez-en vos plantations.
3. Plantez dans les jardinières des allumettes, le bout rouge dans la terre. Le soufre tuera tous les pucerons.
4. Passez au tamis de la cendre de bois et poudrez-en les plantes.
5. En associant les œillets d'Inde à vos plantes, vous tenez éloignés les pucerons. Vous pouvez utiliser des macérations de lavande, d'ortie, de sureau ou de savon noir, uniquement lorsque vous repérez les parasites. La décoction de tanaisie est très efficace contre les pucerons, il suffit de faire tremper 24 h 300 à 400 g de fleurs fraîches dans 10 l d'eau de pluie, puis faire bouillir à couvert pendant 15 min. Laissez refroidir, filtrez et utilisez sans diluer.

LES INSECTES ET LES LARVES

1. Faites pousser du basilic autour des aubergines et des tomates pour un effet repoussoir.
2. Les soucis repoussent les pucerons, les doryphores, les mouches blanches et même les lapins.
3. La bourrache protège les tomates contre le redoutable sphinx de la tomate.
4. Pour tous les choux qui subissent les attaques des piérides du chou, versez 1 l d'eau bouillante sur 80 g de feuilles de tanaisie fraîches et hachées, couvrez et laissez macérer jusqu'à refroidissement du mélange. Passez au travers d'un filtre à café puis versez dans un vaporisateur. Ajoutez ½ cuillère à café de savon noir liquide, secouez et vaporisez vos plantes.
5. La fécule de pomme de terre n'est pas toxique, mais tue les nuisibles en les étouffant. Mélangez 30 g de fécule de pomme de terre avec 1 l d'eau chaude, jusqu'à ce qu'elle soit bien diluée. Versez dans un vaporisateur, puis ajoutez 1 cuillère à café de savon noir liquide. Secouez et vaporisez sur vos plantes.
6. Mélangez 1 tête d'ail et 1 l d'eau, puis laissez mariner pendant 4 h. Passez la préparation dans un filtre à café en récupérant le liquide dans un vaporisateur, avec lequel vous pulvériserez la préparation sur les plantes infestées un jour sur deux, pendant une quinzaine de jours.
7. Mélangez 1 kg de feuilles de rhubarbe dans 8 à 10 l d'eau de pluie à température ambiante. Laissez macérer quelques jours, filtrez et pulvérisez sur les plants à traiter.

ALTISES ET CHENILLES

Dès l'apparition des parasites, traitez avec une solution naturelle que vous aurez préparée vous-même. Pour cela, faites bouillir 150 g de savon de Marseille ou savon noir dans 1 l d'eau. Ajoutez 1 dl d'huile de cuisine. Mélangez et diluez dans 10 l d'eau (si possible de pluie). Pulvérisez. Une autre solution consiste à faire une macération avec 1 kg d'ortie pour 9 l d'eau. Couvrez le récipient ; au bout de 3 jours, filtrez le liquide. Réservez à l'abri de la lumière. Pulvérisez toutes les semaines en préventif ou en traitement.

VERS DE POIREAUX

Plongez 1,5 kg de feuilles de rhubarbe dans 10 l d'eau bouillante. Portez à ébullition et éteignez le feu. Laissez infuser au moins 24 heures. Pulvérisez non dilué tous les 15 jours. On peut aussi tremper les plants de poireaux à l'envers dans une solution d'eau javellisée à 30 %, en prenant soin de ne pas tremper les racines. On peut aussi planter des œillets d'Inde : les papillons en sont friands.

LES DORYPHORES

Pour éliminer les doryphores de façon radicale, je passe entre les rangs le soir pour les ramasser. Vous pouvez aussi préparer une infusion avec 150 g de cataire fraîche (plante à chat) grossièrement broyée dans 5 l d'eau bouillante pendant 30 min. Laissez refroidir, filtrez et pulvérisez sur les plantes. On peut remplacer la cataire par de la menthe fraîche.

Le lin bleu est conseillé : pour éviter que des colonies de doryphores ne viennent se régaler des jeunes plants de pommes de terre, il existe une solution écologique des plus faciles. Lors de la plantation, il suffira d'alterner un rang de pommes de terre avec un rang de lin annuel à fleurs bleues. Semez en place à la volée, d'avril à juin, après avoir préalablement creusé de petites tranchées que vous recouvrirez succinctement d'un peu de terre. Une méthode qui ne demande aucun entretien et qui s'avère autrement plus facile que d'aller à la pêche aux larves et aux doryphores pour les détruire un à un.

Soigner les plantes…
par les plantes !

LE PURIN D'ORTIE EST UN FERTILISANT NATUREL RECOMMANDÉ À TROIS TITRES :

- riche en azote, c'est un engrais efficace qui stimule la croissance des plantes ;
- c'est aussi un fortifiant que l'on pulvérise sur les plantes pour les rendre plus résistantes aux maladies et aux parasites ;
- enfin, c'est un excellent insecticide de contact contre les pucerons et les acariens.

LE PURIN DE CONSOUDE S'EMPLOIE POUR :

- favoriser et prolonger la floraison ;
- favoriser la fructification ;
- aider à la production de graines ;
- apporter des sels minéraux aux légumes fleurs et aux légumes fruits ;
- nourrir les fruitiers ainsi que tous les fruits rouges et les agrumes ;
- nourrir les rosiers et vivaces à fleurs dès le mois d'avril ;
- lutter contre les parasites et les maladies du sol par son action antiseptique ;
- enrichir le sol et le compost.

LE JUS PUR DE CONSOUDE S'EMPLOIE POUR :

- cicatriser et soigner lors des élagages, tailles et greffes ;
- lutter contre les maladies cryptogamiques, en association avec la prèle pour une action fongicide ;
- lutter contre les parasites et les maladies du sol et du compost par son action antiseptique ;
- enrichir le sol comme fertilisant.

L'EXTRAIT DE PRÈLE APPORTERA DU TONUS :

- en améliorant vos végétaux ;
- en luttant contre l'oïdium ;
- en luttant contre les maladies cryptogamiques (taches noires du rosier, cloque du pêche ; moniliose…) ;
- en luttant contre les pucerons, la cochenille, l'aleurode, les altises…
- en enrichissant le sol en silice.

LE PURIN DE FOUGÈRE EST UN ANTIPARASITE QUI :

- écarte les limaces et les escargots (quand il est employé pur) ;
- lutte contre le taupin ;
- lutte contre les acariens (araignées rouges) ;
- lutte contre le puceron lanigère ;
- lutte préventivement contre la cochenille ;
- enrichit le sol en calcium et en potassium.

Pour préparer soi-même ses purins, il faut cueillir les plantes non montées en graine.
Hachez grossièrement 1 kg de ces herbes fraîches pour 10 l d'eau. Laissez macérer environ 12 h à 24 h à 18 °C pour obtenir un effet insecticide et fongicide, 10 jours à 18 °C pour servir d'engrais et de stimulateur de croissance. Le produit obtenu est très concentré. Il nécessite d'être dilué à raison de :
- 5 % pour les traitements foliaires (des feuilles) ;
- 10 à 20 % pour l'arrosage au pied des plantes.

De quel arrosage
chaque plante a-t-elle besoin ?

Pour entretenir la vie du sol, une certaine humidité est nécessaire. Les légumes ont besoin de compléter l'eau du ciel par des arrosages. Reste à utiliser une eau de qualité, au bon endroit et au bon moment. Une chose est sûre : « Un binage vaut deux arrosages. » L'eau d'arrosage idéale ne doit pas être traitée (l'eau de la ville l'est généralement au chlore), pas trop calcaire et pas trop froide. La meilleure eau d'arrosage reste donc l'eau de la mare, ou l'eau de pluie récupérée et stockée en bidon inoxydable (toujours à température), mais encore l'eau du puits, ou l'eau de la rivière. Arroser aux heures de pleine chaleur peut provoquer des maladies (choc physiologique, coulure des fleurs ou des fruits) et le développement de champignons (oïdium, mildiou…). Lors des périodes chaudes et sèches, il faut arroser en fin de journée après 18 heures, lorsque la température a baissé. Quand on ne peut arroser le soir, on peut le faire le matin jusqu'à 10 heures environ. Le reste de l'année, il est préférable d'arroser en fin de matinée. Si l'arrosage par arroseur ou jet est facile, simple et peu onéreux, il mouille le feuillage et augmente les risques de maladie. Le bon arrosage se fait de préférence au pied des plantes, à l'arrosoir ou au tuyau, ou par remplissage de rigoles.

L'arrosage dépend aussi du sol et des plantes. Des arrosages plus abondants et plus espacés sont préconisés sur des sols argileux ou riches, ils doivent être plus fréquents et moins abondants sur des sols légers et pauvres. Pour stimuler l'enracinement, évitez des arrosages trop fréquents et superficiels. Un arrosage efficace doit pénétrer en profondeur. Semis, repiquages et jeunes plantations doivent être arrosés tous les jours au démarrage, puis il faut les espacer. Les besoins en eau dépendent aussi du stade de développement : les plantes en pleine croissance doivent être abreuvées, mais les apports d'eau sont à limiter pour celles qui sont en train de mûrir. Un excès d'eau sur une culture prête à être récoltée aura un effet négatif sur sa saveur et sa conservation.

PLANTES EXIGEANT TRÈS PEU D'ARROSAGE :

Arbres fruitiers de plein vent, ail, échalote, oignon, fève, lentille, pois…

PLANTES EXIGEANT UN ARROSAGE MOYEN ENVIRON 1 À 2 FOIS PAR SEMAINE :

Artichaut, asperge, bette, betterave, chicorée sauvage, chou, citrouille, cornichon, endive, fraisier, haricot, mâche, melon, navet, panais, pomme de terre, salsifis, scorsonère, topinambour…

PLANTES EXIGEANT UN ARROSAGE TOUS LES 2 OU 3 JOURS :

Salade, courgette, concombre, tomate, poivron, aubergine…

Le paillage

La pratique du paillage consiste à déposer une couche protectrice d'éléments naturels sur la terre des massifs ou au pied de certaines plantes. Cette pratique présente de nombreux avantages : le paillis protège les plantes du gel, retarde l'évaporation de l'eau, limite la pousse des mauvaises herbes et, selon sa nature, peut enrichir le sol en se décomposant. Il existe différents types de paillis, chacun avec ses particularités.

1. La paille protège du froid, conserve l'humidité et se dégrade rapidement. Elle est utile aux fraisiers dont elle protège les fruits du contact avec la terre. Attention, elle peut aussi héberger des colonies de limaces en période pluvieuse, à surveiller !
2. Les paillettes de lin ont les mêmes avantages que la paille, mais sont moins aimées des limaces.
3. L'écale de sarrasin reste toujours très sèche en surface et constitue elle aussi une barrière efficace contre les gastéropodes.
4. Les résidus de taille, broyés finement, peuvent être utilisés efficacement à condition qu'ils n'hébergent pas de maladie.
5. Le terreau de feuilles enrichira efficacement la terre.
6. Les écorces de pin sont à réserver aux massifs de terre de bruyère, car ils acidifient le sol en se décomposant.
7. Les coques de cacao enrichissent le sol et sont très décoratives. Elles sont à éviter seulement en milieu trop humide, car elles ont tendance à développer des moisissures.

Comment faire son compost ?

Le compost est la clé de voûte de la fertilité du sol. En recyclant les déchets verts du jardin et ceux de la cuisine, il restitue au sol les éléments dont les plantes ont besoin. Un compost bien mené fournira un humus nutritif et performant qui allègera les terres lourdes et donnera du corps aux terres légères. Avec du compost longuement mûri, vous n'aurez besoin d'aucun autre engrais, ni de terreau de magasin. D'ailleurs, attention au fumier « frais » ! Il cause, ce qu'on sait rarement, de nombreuses maladies et des pullulations de limaces.

Le compostage peut être mené dans un composteur bien adapté aux jardins et aux petits volumes de déchets, ou bien tout simplement en tas, ce qui correspond mieux aux grands jardins. Ce tas devra plutôt se situer à l'ombre, pour éviter le dessèchement.

LES MATIÈRES « BRUNES »

Ce sont les feuilles mortes, brindilles sèches, branches broyées, copeaux de bois et sciure, écorce, paille… Sèches et dures, elles sont riches en lignine et en cellulose, substances carbonées fournissant de l'humus stable. Utilisées seules, elles se décomposent lentement car elles manquent d'eau et d'azote.

LES MATIÈRES « VERTES »

Ce sont les déchets de cuisine et les tontes de gazon fraîches. À l'inverse des matières brunes, elles sont humides, molles et contiennent beaucoup de substances. Elles sont riches en sels minéraux et en azote, mais leur rendement en humus est faible. Pour obtenir un bon compromis carbone/azote et maintenir une bonne aération du compost, il faut donc à peu près 50 % de matières vertes et 50 % de matières brunes.

Réduire les déchets en petits morceaux permet un mélange plus aisé, une réduction des volumes et surtout une attaque plus rapide par les micro-organismes « décomposeurs ». Le compost sera plus facile à récupérer en fin de décomposition et ne nécessitera pas d'être tamisé.

Au fur et à mesure de vos tailles ou ratissages, en particulier à l'automne, constituez, à côté de votre silo à compost, un tas de matières brunes : coupes d'arbres et de haies, brindilles sèches, feuilles mortes… Lorsque vous verserez vos déchets de cuisine, vous pourrez aussitôt les recouvrir de ces matières brunes. Sinon, à certaines époques, notamment en hiver, vous risquez de manquer de ces précieuses matières brunes.

UNE BONNE AÉRATION

C'est essentiel et nécessaire, car les micro-organismes dits « décomposeurs » ont besoin d'oxygène. Sans cela, il se produit une fermentation anaérobie, putride, malodorante, qui donne un compost de mauvaise qualité et peu fertile. S'il y a trop de matières vertes, elles se tassent en fermentant, ce qui diminue l'aération. Les mélanger à des matières brunes assez grossières permet de maintenir une porosité suffisante dans le tas. Sinon, vous devrez compenser le tassement en remuant très souvent, voire en retournant le tas plusieurs fois… À chaque apport, mélangez les nouveaux déchets avec l'apport précédent et avec le compost qui commence à se former en dessous. Ainsi, vous mélangerez les déchets nouveaux avec les micro-organismes et les petits animaux broyeurs, ce qui accélèrera leur décomposition. Au toucher, vérifiez régulièrement que la masse est suffisamment humide pour permettre une bonne décomposition. Arrosez ou ajoutez des déchets humides si c'est sec. Attention aux excès d'humidité qui favorisent la fermentation anaérobie, source d'odeur et de prolifération de moucherons. Pour éviter le dessèchement, installez le composteur à l'ombre. Attendez que votre compost soit noirâtre, grumeleux et sans odeur pour pouvoir l'utiliser. On n'y reconnaît plus les matériaux d'origine, et les vers rouges n'y sont plus très nombreux. On l'obtient au bout de 6 à 12 mois environ. Certaines plantes gourmandes, comme les courges et les tomates, apprécient ce type de compost, et bien évidemment les fleurs aussi.

Comment utiliser le compost

UN COMPOST À MATURITÉ PEUT ÊTRE UTILISÉ DE QUATRE MANIÈRES DIFFÉRENTES:

1. Comme amendement organique; pour cela, épandez-le en couches minces, puis incorporez-le à la terre avec une griffe;
2. Pour enrichir la terre de vos jardinières; pour cela, faites un mélange moitié compost et moitié terre végétale. Le compost pur risque de brûler les racines des plantes encore fragiles;
3. Pour rempoter vos plantes vertes, prévoyez un mélange avec un tiers de compost, un tiers de terre végétale et un tiers de sable;
4. Avant de planter les tomates, faites un trou profond, mettez une couche de compost puis une couche de terre; plantez ensuite les pieds de tomates et attendez la récolte.

Jardiner sur son balcon

Les récoltes de beaux légumes ou de fruits savoureux ne sont pas exclusivement réservées aux personnes possédant une parcelle de terre. Cultiver son potager est le rêve de beaucoup de citadins, car il est agréable d'avoir un petit bout de campagne à la ville. Aujourd'hui, de nombreux légumes et petits fruits sont adaptés à la culture en jardinière. Quel plaisir de déguster des produits frais, juteux et gorgés de sucre cueillis sur le balcon ! Un vrai cocon de fraîcheur à deux pas de la cuisine ! Attention néanmoins à toujours respecter l'esthétique du quartier ou de votre bâtiment, et de ne provoquer aucune nuisance pour votre voisinage, notamment en ce qui concerne l'écoulement de l'eau d'arrosage.

LES CONTENANTS

Pour cultiver les légumes, fruits et plantes aromatiques, prévoyez des pots, des bacs et des jardinières, en plastique, en bois ou en terre cuite : vous n'aurez que l'embarras du choix. Une autre possibilité consiste à les fabriquer soi-même aux dimensions adéquates à son balcon, sur une profondeur de 30 cm environ. Pour cela, il suffit de trouver du bois non traité de préférence, puis d'en assembler les contenants dont on recouvre l'intérieur avec une bâche géotextile.

LES CONDITIONS

Pour bien réussir la culture de vos plantes potagères en bac, il faut vous doter des meilleures conditions. Ainsi, la meilleure exposition de vos bacs est le sud, sud-est ou sud-ouest. Utilisez un terreau spécial légumes, car il doit être riche en éléments nutritifs, retenir l'eau tout en la laissant s'écouler, et rester souple et aéré. Un terreau ordinaire est moins riche et vous demandera des apports d'éléments nutritifs réguliers. Les plantes les moins exigeantes comme la laitue se contenteront de 4 h de soleil dans la journée contre 6 à 8 h pour les plus exigeantes comme les tomates. Attention toutefois, en période de fortes chaleurs, à protéger vos bacs pour leur épargner les rayons trop brûlants du soleil. Les arrosages doivent être réalisés de façon régulière, car les bacs chauffent rapidement ; les parois sont peu épaisses, ce qui provoque l'évaporation de l'eau. En été, arrosez très tôt le matin ou le soir ; au printemps et en automne, arrosez en milieu de journée.

Cultiver et récolter :
une façon de joindre l'utile à l'agréable !

De nombreuses espèces potagères sont adaptées à la culture en pot, ainsi que toutes les plantes aromatiques. Elles ont en commun leur croissance rapide et leur maturité précoce. Les radis et les salades mettront 3 à 4 semaines avant d'arriver à maturité. Les plantes aromatiques, elles, sont simples à cultiver et elles prennent peu de place. Thym, estragon, ciboulette, menthe, persil seront donc pratiques sur le rebord de votre fenêtre. N'hésitez pas à jouer avec les associations de produits, comme tomate et basilic ou concombre et aneth par exemple.

Parmi les plantes potagères à croissance rapide parfaites pour une culture au balcon, pensez à la tomate cerise, ou au concombre que vous pouvez laisser filer (pousser) sur la rambarde du balcon ; ainsi, son feuillage préservera votre intimité et assurera une récolte intéressante. Les fraisiers peuvent être cultivés en pots nommés « fraisiers ». Ils sont parfaits pour le balcon et la terrasse, grâce à leur système d'ouvertures sur les parois. On peut y faire pousser un grand nombre de petites plantes en occupant un minimum de place. Qui plus est, ces plantes y sont plus à l'aise que dans des petits pots, car elles y trouvent plus d'espace pour faire courir leurs racines.

Ensuite, il ne restera plus qu'à cueillir herbes aromatiques, légumes et autres fruits bien mûrs à deux pas de la cuisine. Vos talents en jardinage étonneront sûrement vos amis.

La lune, quelle influence sur le jardin ?

Nous connaissons depuis toujours les différentes influences de la lune, que ce soit au niveau des marées et des végétaux, mais aussi au niveau des animaux et des humains. C'est pourquoi jardiner avec la lune est une excellente chose : l'astre nocturne agit en effet sur la croissance des légumes et sur chaque partie de ceux-ci, que ce soient les racines, les tiges, les feuilles mais aussi les fleurs et les fruits. Pour semer, repiquer et même cueillir et conserver les légumes, les graines et les fruits, on doit donc tenir compte des principaux rythmes de la lune (lune croissante et décroissante). Il faut aussi y penser lorsqu'on prépare le sol et lorsqu'on taille les haies. De plus, il est important de prendre en considération les différentes phases de la nouvelle lune, du premier quartier, de la pleine lune et du dernier quartier.

LA LUNE CROISSANTE

C'est la période qui va de la nouvelle lune jusqu'à la pleine lune. Chaque jour, l'émission de la lune augmente et agit en accroissant la vitalité des plantes. Plus on se rapproche de la pleine lune, plus les plantes peuvent lutter contre les parasites et les maladies. Cette période est favorable aux parties aériennes de la plante.

LA LUNE DÉCROISSANTE

C'est la période qui va de la pleine lune à la nouvelle lune suivante. Chaque jour, l'émission de la lumière diminue. Si la plante a moins de vitalité, en revanche les couleurs, les odeurs et les saveurs lui sont davantage perceptibles. C'est une période favorable aux légumes racine (carottes, navets…).

JARDINER EN LUNE CROISSANTE

Il est conseillé de semer 2 ou 3 jours avant la pleine lune les plantes potagères donnant des « fruits » : tomates, courges, melons… mais aussi celles donnant des graines comestibles comme les pois, haricots, fèves… On sème aussi toutes les fleurs qui décoreront le jardin, les engrais verts comme le trèfle, la moutarde, la phacélie, ainsi que les aromates, persil, ciboulette, thym, sauge…

JARDINER EN LUNE DÉCROISSANTE

Il est conseillé de semer 2 ou 3 jours avant la nouvelle lune les légumes poussant au ras du sol comme les choux, laitues, chicorées, puis tous les légumes dont on mange les racines, comme les carottes, navets, pommes de terre, radis, arachides, ainsi que les bulbes : aulx, oignons, échalotes… C'est aussi la période pour repiquer, rempoter ou labourer le sol, et pour épandre du compost.

Comment construire un hôtel à insectes ?

Pour attirer les insectes utiles au jardin, rien de tel que d'y installer des refuges conçus pour les héberger. Vous pouvez même les rassembler dans un « hôtel à insectes ».

CHOIX DE L'EMPLACEMENT

L'hôtel à insectes doit être orienté au sud ou au sud-est, face au soleil, notamment en début de journée, le dos aux vents dominants, non loin d'un parterre de fleurs sauvages et cultivées qui deviendra ainsi le restaurant de l'hôtel. Il doit être surélevé d'au moins 30 cm, et abrité des intempéries.

Matériaux

Choisissez de préférence des planches d'une essence de bois durable non traitée : mélèze, douglas ou châtaignier de 22 cm de large sur 2,3 cm d'épaisseur :

- 2 x 120 cm pour les montants verticaux ;
- 4 x 100 cm pour les montants horizontaux ;
- 6 x 37 cm pour les parois des deux « boîtes » ;
- 2 x 80 cm pour le toit, à compléter par deux petites planches de 14 cm de large et 80 cm de long, pour obtenir une largeur totale de toit de 36 cm, avec de larges débords.

ON COMPLÉTERA CE MONTAGE PAR :

- 2 pieux solides 7 x 7 x 90 cm ;
- 2 douilles métalliques pour éviter le pourrissement des pieux au contact du sol ;
- 6 boulons à tête ronde, écrous et rondelles pour les pieux ;
- du carton bitumé pour le toit ou quelques ardoises ;
- des briques creuses, des rondins, des nattes de roseaux, des tiges creuses, etc.

MONTAGE

Vissez d'abord le cadre, c'est-à-dire les deux montants, la planche du haut et celle du bas ; puis l'étage intermédiaire avec sa boîte, ainsi que le suivant, également avec sa boîte.

Boulonnez les pieux sur les deux montants. Enfoncez les douilles, mettez les pieux en place et boulonnez.

Vissez le toit et agrafez la toile goudronnée ou fixez les ardoises.

Maintenant, aménagez les chambres de votre hôtel comme on peut le voir sur la photographie.

Votre hôtel va pouvoir ouvrir ses portes avant l'hiver, juste à temps pour accueillir pontes et larves de certains insectes. Il contribuera à enrichir au fil des ans la microfaune d'insectes auxiliaires et pollinisateurs de votre coin de paradis.

INSECTES ATTENDUS

Les chrysopes, les bourdons, certaines abeilles et guêpes solitaires comme la mégachile, les osmies, divers hyménoptères (notamment les syrphes), les insectes xylophages, les forficules (perce-oreilles), les carabes, les coccinelles, etc.

Quels insectes...
dévorent les autres insectes ?

LA COCCINELLE

Les coccinelles sont les prédateurs naturels des pucerons. Chaque coccinelle déguste au moins 50 pucerons par jour. Pour attirer des coccinelles près de son potager, il s'agit simplement de mettre en place les plantes où elles aiment pondre leurs œufs, comme l'achillée et la tanaisie.

LA GUÊPE

Les guêpes sont de dangereux prédateurs pour la plupart des insectes. La présence de plantes mellifères les attirera au jardin. Les camomilles, les menthes, les verges d'or, le fenouil, l'hysope, les tagètes et les œillets d'Inde en sont des exemples.

LA LIBELLULE

Les libellules sont parmi les plus dangereux prédateurs des autres insectes. Elles mangent les chenilles, les vers, les mites, les papillons, les cochenilles et tous les autres insectes qu'elles peuvent trouver.

LE PERCE-OREILLE

C'est un insecte très détesté ; pourtant il est très utile au jardin, tout autant que la coccinelle. C'est un redoutable prédateur des pucerons. Il possède des pinces, mais sachez qu'il est inoffensif pour les humains. C'est un insecte essentiellement nocturne.

Une multitude d'autres insectes sont des prédateurs, il suffit d'observer son environnement pour le constater !

Bien connaître le sol de son jardin

Il est rare que l'on rencontre une terre idéale dans son jardin, bien équilibrée en argile, calcaire, sable ou humus, et en taux d'acidité ou d'alcalinité. Milieu sans cesse en évolution au fil des mois et des années, il importe d'agir pour y maintenir un bon dosage de ces éléments. Pour rendre la terre propice à toutes les cultures courantes, des solutions existent, elles sont simples à appliquer. Avec une bonne connaissance de votre sol, vous serez en mesure d'apporter les corrections nécessaires au développement de vos plantes.

Une bonne terre de jardin possède un pH (potentiel hydrogène) compris entre 6,3 et 6,8. Elle contient environ 20 % d'argile, 10 % de calcaire, 65 % de sable et 5 % d'humus.

L'aspect visuel et le toucher de la terre, ainsi que les plantes qui y poussent, déterminent la nature d'un sol et peuvent permettre de l'identifier.

SOL ARGILEUX

L'argile, roche sédimentaire pâteuse et collante, retient l'eau et donne de la cohésion aux particules du sol. Elle joue un rôle important dans la fixation des engrais organiques autour des racines. La terre argileuse forme de grosses mottes lourdes, compactes, qui collent aux outils lorsqu'on la travaille. Imperméable, très humide, elle se crevasse lorsqu'elle s'assèche. C'est dans cette terre que se plaisent certaines plantes adventices comme le liseron, le pissenlit, l'armoise ou la grande oseille. Autres hôtes heureux de la terre argileuse : les graminées et les légumineuses, ainsi que le poirier et le pommier.

AVANTAGES : La terre argileuse garde bien les eaux de pluie et d'arrosage, ce qui permet aux plantes de mieux supporter la chaleur et la sécheresse durant la saison estivale. Les sols argileux retiennent aussi les engrais, riches en éléments fertilisants, ce qui assure une croissance régulière des végétaux.

INCONVÉNIENTS : La terre argileuse est très collante, donc difficile à travailler, surtout au printemps et en automne où les pluies sont abondantes. Devenant très froids en hiver, les sols argileux sont longs à se réchauffer au printemps. Avec la sécheresse, ils durcissent, rendant difficile la pénétration des racines vers le sous-sol.

SOLUTIONS : Chaque année, effectuez des apports de matières organiques (compost, tourbe, fumier) pour enrichir en humus les sols argileux. Ajoutez également de la tourbe et du sable pour les alléger. Enfouissez les amendements lors des travaux d'automne, sans briser les mottes. Pour éviter que l'eau stagne, installez un système de drainage qui évacuera le surplus d'humidité (rigole). Tous les 2 ou 3 ans, améliorez la structure du sol en épandant de la chaux éteinte, incorporée par un labour ou avec une motobineuse.

SOL CALCAIRE

Formé de carbonate de chaux, le calcaire neutralise l'acidité de la terre et sert d'aliment aux plantes. Il aide la décomposition des matières organiques et rend les engrais organiques plus facilement assimilables. L'aspect blanchâtre du sol calcaire est caractéristique, en raison de sa forte teneur en chaux. On y trouve de nombreux cailloux qui remontent sans cesse du sous-sol et gênent le passage des outils. Le coquelicot est une plante typique des sols calcaires. On y voit aussi pousser la moutarde sauvage, le chardon, la renoncule, le trèfle blanc, l'érable, le sorbier, le tilleul, le noyer, le cerisier…

AVANTAGES : Les terrains calcaires sont assez perméables, bien drainés, et l'eau n'y stagne pas. Ils se réchauffent plutôt vite au printemps, autorisant les cultures de légumes primeurs. Lorsqu'ils ne sont pas trop humides, ils sont faciles à travailler, notamment à retourner ou à griffer. Enfin, ils facilitent la décomposition rapide des matières organiques.

INCONVÉNIENTS : L'eau circulant aisément dans les sols calcaires, les éléments fertilisants y sont rapidement emportés, d'où une certaine pauvreté nutritive. Trop mouillée, la terre calcaire devient vite boueuse et colle sur les outils et sous les pieds. Trop sèche, elle devient dure à travailler. Le calcaire est aussi à l'origine de nombreuses carences sur les végétaux : rosiers, légumes racines, fraisiers, poiriers, etc.

SOLUTIONS : Une fois par an, de préférence en automne, apportez une importante quantité de matières organiques (fumier de bovins, tourbe blonde, terre de bruyère siliceuse…) pour modifier la structure physique. Semez un engrais vert, par exemple.

SOL HUMIFÈRE OU TERRE FORESTIÈRE DE SOUS-BOIS

Il est le résultat de la décomposition des débris végétaux par les micro-organismes vivants du sol. Grâce à lui, la matière organique, non assimilable par les plantes, est transformée en éléments minéraux, base de leur nourriture.

AVANTAGES : Les sols humifères sont très riches en matières organiques, avec une bonne concentration d'éléments fertilisants, et propices à la culture de certaines plantes. Ces terrains sont plutôt perméables, mais ils sont capables de bien retenir l'eau. Assez légers, ils se travaillent facilement et se réchauffent vite dès qu'arrivent les premiers jours du printemps, favorisant les premiers semis.

INCONVÉNIENTS : Souvent fortement acides, les sols humifères limitent la culture à certaines espèces. Cette acidité est également un facteur bloquant pour l'assimilation des éléments fertilisants. Lorsque le sous-sol est imperméable, ou quand ils sont mal drainés, les sols humifères deviennent trop humides et détrempés, se transformant en marécages. Ce sont également des terres qui se dessèchent vite en été.

SOLUTIONS : Drainez les espaces propices à la stagnation de l'eau en effectuant des rigoles. Réalisez des apports de chaux pour modifier l'acidité du sol et élargir le champ des plantes cultivées.

SOL SABLEUX

Fluide, instable, le sable allège les sols lourds et compacts, en favorisant la pénétration de l'air, de l'eau et des engrais. Rapidement réchauffé au printemps, il convient aux cultures de primeurs. La terre sableuse est très instable, d'où un manque de cohésion. L'eau est difficilement retenue, ce qui oblige à de multiples arrosages en été. De même, les engrais migrent vite vers le sous-sol. C'est une terre peu fertile. Par contre, elle est facile à travailler. Plutôt acide, elle est propice aux plantes acidophiles comme la bruyère, le genêt, l'ajonc, la fougère…

AVANTAGES: Facile à travailler en toutes saisons, parce que léger et fiable, le sol sableux se réchauffe vite avec les premiers rayons de soleil printaniers. Il autorise la culture des légumes primeurs. Si la silice qui le compose présente des grains suffisamment gros, il est perméable, d'où une bonne circulation de l'eau.

INCONVÉNIENTS: Cette perméabilité peut aussi être une gêne, car les eaux d'arrosage ne sont pas retenues et migrent vers les profondeurs, entraînant avec elles les éléments fertilisants. Les sols sableux sont donc assez pauvres et demandent de renouveler très souvent les apports d'engrais. Ils souffrent également des périodes de forte chaleur qui les assèchent rapidement.

SOLUTIONS: Apportez de grosses quantités organiques pour donner une meilleure cohésion au sol et fournir les éléments indispensables à la vie des plantes. Renouvelez souvent la fertilisation azotée, au fur et à mesure des besoins des végétaux. En cas d'acidité excessive, épandez de la chaux pour corriger le pH. Cette chaux contribuera à améliorer la structure physique du sol.

Les climats en France

CLIMAT OCÉANIQUE

L'humidité dure toute l'année, l'hiver est relativement doux, favorable à la récolte de primeurs.

CLIMAT SEMI-OCÉANIQUE

L'humidité est importante toute l'année, l'été plus doux et l'hiver plus froid.

CLIMAT MONTAGNARD

L'hiver est rude, avec une couche neigeuse importante ; l'été est chaud mais assez court, le jardinage s'étale d'avril à fin septembre.

CLIMAT MÉDITERRANÉEN

Une grande sécheresse s'installe en été, mais la douceur de l'hiver permet des récoltes beaucoup plus tardives ; on fait aussi de bonnes récoltes printanières.

CLIMAT CONTINENTAL

L'hiver est très vigoureux et l'été très chaud, il faut donc faire attention à ne pas semer trop tôt au printemps et trop tard à l'automne.

À la fin de l'été, semez un engrais vert !

On désigne sous le terme « engrais vert » des plantes de croissance rapide, qui se développent même en arrière-saison, en couvrant le sol de façon importante. Sur une période courte, elles constituent une forte quantité de matière organique, que vous allez pouvoir récupérer pour enrichir naturellement votre terrain. Pour effectuer ce travail, griffez légèrement la surface à ensemencer. Semez les graines à la volée (attention au vent) puis enfouissez-les légèrement en ratissant puis en tassant la terre, un peu comme pour faire du gazon. La germination commence au bout de quelques jours, puis viendra le moment de l'enfouissement ; vers la fin du mois d'octobre, même si le cycle végétatif n'est pas achevé, passez la tondeuse. Attendez une grosse semaine, puis bêchez la surface pour enfouir la matière végétale. On peut semer de la moutarde, de la vesce, de la luzerne, de la phacélie et bien d'autres encore…

QUELS SONT LES AVANTAGES ?

En fermentant rapidement, les engrais verts améliorent de façon certaine la structure du sol, en apportant humus et azote. Au printemps, vous retrouvez une terre fine et grumeleuse, sans mauvaises herbes, ce qui ne constitue pas le dernier des avantages, car cela représente une perte de temps en moins et rend inutile le désherbant ! Cette couverture végétale limite en outre le lessivage du jardin, et le glissement de la terre dans les jardins un peu en pente. Par définition, le jardinage biologique se fait sans l'utilisation d'engrais chimiques et de pesticides de synthèse afin d'éliminer les résidus nocifs. Pour bien réussir le « bio-jardinage », il faut un sol vivant, riche en humus et équilibré, capable de nourrir efficacement les plantes. Une bonne terre, chacun peut en obtenir une au bout de quelques années, même en partant d'un très mauvais sol. Il suffit de l'enrichir en humus, le jardinier disposant pour cela de deux éléments : le compost et les engrais verts.

La vie du potager en hiver

C'est l'hiver, il fait froid, il neige… Ces aléas de la météo, bien peu originaux en cette saison, peuvent générer quelques inquiétudes. La neige va-t-elle abîmer arbres et plantes, les plantes gelées sont-elles pour autant condamnées ? Pas de panique, la nature fait bien les choses, et en l'aidant avec quelques gestes simples, l'hiver passera sans encombre. Et puis, la neige et le froid persistants ont aussi quelques avantages pour le jardin !

Dégâts potentiels causés par le gel et la neige

Le gel peut abîmer, voire détruire, les plantes les plus sensibles, notamment si vous vivez dans une région où les hivers sont généralement cléments, et si la brutale chute des températures a surpris vos espèces sensibles au froid. Si vous aviez pris la précaution de les protéger, à l'aide d'une protection hivernale ou d'un bon paillage, les dégâts devraient être limités. Et puis, une plante gelée n'est pas forcément une plante morte, car le système racinaire reste intact. Reste à attendre le printemps pour évaluer l'étendue des dommages… La neige, quant à elle, pose deux problèmes principaux pour le jardin et ses hôtes. D'abord, son poids peut casser des branches chez les arbres à feuillage persistant, ou brûler les parties aériennes, comme chez les conifères et les haies. Pour éviter cela, secouez délicatement les branches afin de les dégager de leur manteau neigeux. Chez les arbres à feuilles caduques, c'est inutile, mieux vaut laisser en place cette couche de protection qui isole un peu les branches du gel. Pensez aussi aux oiseaux qui ont bien du mal à trouver de quoi se nourrir : mettez à leur disposition graines, miettes et pain de graisse.

MAIS QUELQUES AVANTAGES !

Il faut bien que les rigueurs de l'hiver aient quelques avantages. Première consolation : les périodes de grand froid permettent de détruire une partie des parasites et des ravageurs du jardin (œufs, larves, adultes en hibernation, mais aussi moisissures). Les hivers doux, au contraire, sont favorables à leur prolifération. Par ailleurs, la neige accélère la décomposition des feuilles mortes et des engrais verts, les transformant plus rapidement en matière organique assimilable par les plantes. Au printemps et à la reprise de la végétation, le sol n'en sera que plus fertile !

« NEIGE DE JANVIER, VAUT FUMIER »,
dit un dicton bien connu…

Pendant sa chute, la neige emmagasine un certain nombre d'éléments bénéfiques pour les plantes, comme l'azote atmosphérique, que la plupart des végétaux ne peuvent absorber eux-mêmes. Cela peut paraître surprenant, pourtant la couverture de neige (si elle n'est pas tassée) est aussi une bonne protection contre les grosses gelées. En effet, elle garde une température constante au sol de 0 °C. Vos bulbes (oignon, ail, tulipe, etc.) profiteront donc de ce voile d'hivernage tombé du ciel. C'est précisément aussi par ce caractère isolant, associé à son humidité, que la neige contribue, indirectement, à enrichir la terre, en réactivant le processus de décomposition, freiné par le grand froid, de l'ensemble des éléments organiques présents à la surface du sol, comme les débris végétaux, les cadavres d'insectes et de petits animaux, les déjections, etc.

Enfin, dans le but de préparer vos plantations du printemps, la fonte des neiges vous donnera des informations très intéressantes. En effet, les endroits qui auront fondu en premier seront forcément les zones de votre potager les plus chaudes et les mieux exposées au soleil. Privilégiez donc ces espaces pour vos premiers semis.

Il ne vous reste plus qu'à faire fondre un peu de neige dans un arrosoir pour vos plantes d'intérieur : elles apprécieront votre geste !

LES LÉGUMES DU JARDIN

Recettes pour 6 personnes

Symboles

QS = quantité suffisante

CUILL.= 1 cuillère à soupe

L'AIL

Allium sativum

HISTOIRE

Il semblerait que ce soit sur les vastes plaines à l'est de la mer Caspienne que cette liliacée ait vu le jour à l'état sauvage. L'ail est utilisé depuis 5 000 ans et était largement cultivé en Égypte. D'ailleurs on dit que le premier conflit social de l'histoire de l'humanité fut provoqué par la suppression de la ration d'ail des esclaves égyptiens construisant les pyramides. Les Grecs et les Romains prêtaient à l'ail un pouvoir fortifiant et le donnaient à manger à leurs soldats en campagne. La légende raconte aussi que la culture de l'ail rose de Lautrec remonte au Moyen Âge ; un colporteur aurait payé son repas à l'auberge avec des gousses d'ail, que l'aubergiste aurait ensuite cultivées. D'anciennes superstitions de marins veulent aussi que l'ail éloigne la malchance, les tempêtes et les monstres marins. C'est pourquoi on ne manquera jamais d'en avoir à bord.

- Famille des liliacées
- Origine : Asie centrale
- 138 calories pour 100 g
- Le voisinage des petits pois et des haricots n'est pas apprécié.
- Plantez de l'ail autour des rosiers, cela renforce le parfum des fleurs et évite la multiplication des pucerons.
- Plantez en lune décroissante.

Le conseil du jardinier

Nouez le feuillage au mois de juin pour concentrer la sève dans les bulbes.

CULTURE

Plantez l'ail au mois d'octobre dans un sol suffisamment émietté. Tracez des sillons tous les 25 cm et d'une profondeur de 2 cm. Plantez les caïeux la pointe en haut tous les 12 cm environ. Recouvrez-les à peine, mais faites attention que les oiseaux ne viennent pas les arracher. Binez de temps en temps pour ôter l'herbe indésirable. Au mois de juin, quelques jours après avoir noué votre ail, dégarnissez la terre autour des gousses, pour avoir plus tard une meilleure conservation. Privilégiez une fumure très légère et équilibrée : cela évitera une pourriture des caïeux.

MALADIES ET PARASITES

La rouille et la graisse sont les principales maladies de l'ail; pour y remédier il faut éviter une trop forte humidité et une fumure récente. Traitez principalement à la bouillie bordelaise en préventif. Faites attention à la teigne et aux vers blancs. Coupez les feuilles le plus tôt possible pour éviter la propagation. Semez de l'engrais vert en fin de saison: les larves n'aiment pas les racines de cette plante.

PRINCIPALES VARIÉTÉS

Le Thermirome et *le Germidour* sont des variétés d'aulx blancs de bon rendement et de bonne qualité. *L'Ail rose de Lautrec, le Rose d'Auvergne* sont de saveur délicate. Reste *l'Ail violet de Cadous,* très prononcé en goût et à la bien meilleure conservation.

RÉCOLTE ET CONSERVATION

Soulevez l'ail avec une fourche pour ne pas casser les tiges. Laissez les têtes d'ail sur le terrain deux jours avant de les rentrer. Ensuite, attachez-les en bottes pour les suspendre dans le grenier ou dans un endroit bien sec, frais et aéré. Dans une pièce chauffée comme la cuisine, l'ail germe et ne se conserve pas!

LE + SANTÉ

L'ail est très riche en dérivés soufrés qui lui confèrent son odeur et sa saveur caractéristique, et qui sont en grande partie responsables de ses effets bénéfiques sur le système cardio-vasculaire. Sa tolérance est souvent limitée chez les personnes ayant un système digestif fragile. Il est conseillé de retirer le germe de la gousse, qui concentre les substances soufrées peu digestes.

Aulx confits à l'huile d'olive

PRÉPARATION ET CUISSON: 25 min
+ 3 mois de macération

INGRÉDIENTS: *3 ou 4 têtes d'ail fraîches, 2 branches de thym, 1 branche de romarin,*
½ branche de céleri, 2 feuilles de laurier, 1 petit piment, ½ l d'huile d'olive

PRÉPARATION: Épluchez les gousses d'ail. Mettez sur feu doux une casserole, ajoutez les gousses d'ail, le thym et le laurier. Recouvrez légèrement les gousses d'ail avec l'huile d'olive. Laissez frémir environ 20 min en prenant soin de ne pas faire bouillir l'huile. Vérifiez la cuisson de l'ail en plantant une pointe de couteau: les gousses ne doivent pas se transformer en purée. Ensuite, versez l'ensemble dans un bocal préalablement ébouillanté, fermez et laissez refroidir. Prévoyez 3 mois de macération pour obtenir un produit correct. De cette façon, il se conservera 6 mois et pourra être employé comme de l'ail frais, et en plus il se digérera beaucoup mieux. Vous pouvez utiliser l'huile d'olive parfumée à l'ail dans certains plats, comme une poêlée de haricots verts ou de pommes de terre nouvelles.

Soupe à l'ail

PRÉPARATION ET CUISSON : 2 h 15

INGRÉDIENTS : *250 g de lardons fumés, 350 g de carottes, 350 g de pommes de terre, 350 g de navets, 350 g de poireaux, 2 l de bouillon de volaille, 2 oignons, 500 g de tomates, 6 gousses d'ail, 150 g de gruyère râpé, 5 cl d'huile d'arachide, 1 bouquet garni, gros sel, poivre du moulin*

PRÉPARATION : Épluchez, lavez et taillez les légumes en julienne (bâtonnets). Faites revenir les lardons dans une soupière avec un peu d'huile. Ajoutez les légumes et laissez mijoter sans trop de coloration pendant 10 min. Mouillez le bouillon de volaille. Assaisonnez et ajoutez le bouquet garni. Laissez cuire à couvert sur feu doux pendant 2 h. Avant de saupoudrer de fromage râpé, ajoutez des petits croûtons frits frottés à l'ail. Servez chaud sans plus tarder.

Sauce à l'ail et au yaourt

PRÉPARATION ET CUISSON : 15 min

INGRÉDIENTS : *2 yaourts natures, 12 gousses d'ail moyennes, 2 cuill. d'huile d'olive, ½ cuill. de moutarde forte, 10 feuilles de persil plat, sel fin, poivre du moulin*

PRÉPARATION : Pelez les gousses d'ail et jetez-les dans l'eau bouillante. Laissez cuire 10 min. Mixez dans le bol du robot le yaourt, l'huile, le sel, la moutarde, le persil plat, puis ajoutez les gousses d'ail cuites. Mixez ensemble correctement. Servez frais ou tiède avec un poisson cuit à la vapeur.

Skordhalia

PRÉPARATION ET CUISSON : 25 min

INGRÉDIENTS : *8 gousses d'ail, 300 g de pommes de terre, 15 cl d'huile d'olive, 6 cl de vinaigre de vin, sel fin, poivre du moulin*

PRÉPARATION : Cuisez les pommes de terre à la vapeur 15 min. Pilez les gousses d'ail épluchées au mortier avec le sel et les pommes de terre cuites. Incorporez tour à tour l'huile et le vinaigre en continuant à piler l'ensemble. Quand le mélange est homogène, fouettez-le jusqu'à ce qu'il devienne ferme. Servez à température ambiante. Si vous aimez, vous pouvez rajouter du persil haché à la préparation. Dégustez avec du poisson grillé comme on consomme l'aïoli.

Crème d'ail

PRÉPARATION ET CUISSON : 15 min

INGRÉDIENTS : *10 gousses d'ail épluchées, ½ cuill. de fécule de maïs, 15 cl de lait, 15 cl de crème liquide, 1 jaune d'œuf, sel fin, poivre du moulin*

PRÉPARATION : Pelez les 10 gousses d'ail, puis faites-les cuire dans 15 cl de lait pendant 10 min. Une fois les gousses d'ail cuites, jetez le lait. Mixez les gousses et incorporez la crème, la fécule et le jaune d'œuf. Faites cuire dans une casserole au bain-marie jusqu'à ce que la sauce soit onctueuse. Assaisonnez très légèrement. Servez chaud ou froid en accompagnement d'un gigot d'agneau ou d'un poisson au four.

L'ARTICHAUT

(Breton et Poivrade)

Cynara scolymus

- Famille des astéracées
- Origine : probablement Égypte ou Sicile
- 40 calories pour 100 g
- Ses voisins de culture préférés sont le chou et les haricots verts.
- Plantez en lune décroissante.

Le conseil du jardinier

La culture de l'artichaut demande 2 ans avant de récolter, alors pour éviter une perte de place la première année, semez et plantez de la salade !

HISTOIRE

Plante vivace, l'artichaut a été introduit en Toscane en 1466. De là, du fait des campagnes d'Italie menées par les rois de France (1494-1523), il est rapporté au-delà des Alpes au XVIe siècle. Plante potagère voisine du chardon sauvage, ce légume été cité par Rabelais, mais il s'impose vraiment en France grâce à Catherine de Médicis qui adorait les fonds d'artichaut. Au XVIIe siècle, c'est dans le potager du roi à Versailles que Jean-Baptiste de La Quintinie cultiva l'artichaut. Légume-fleur, c'est son bouton floral que l'on déguste avant son épanouissement. L'artichaut était considéré comme un légume aphrodisiaque, ce qui a contribué évidemment à sa grande consommation.

CULTURE

Bêchez profondément et fumez le terrain avec du fumier de bovin. En avril, tracez des rangs espacés de 1 m, faites tous les 80 cm des trous d'une profondeur de 30 cm et autant en largeur. Mettez un peu de terreau et une poignée de poudre d'os riche en phosphore et en potasse. Disposez les œilletons par deux, recouvrez de terre en formant une cuvette pour faciliter l'arrosage. La deuxième année, nettoyez bien les plants en dégageant la terre autour de la base pour éliminer les rejets. Gardez deux plants pour assurer la production de l'année. Ne replantez jamais au même endroit avant 5 ans. Un arrosage abondant à base d'eau et de sang desséché pendant la formation des têtes permettra à celles-ci une augmentation sensible du volume. En fin de saison, raccourcissez de moitié les plus grandes feuilles, avant de lier la touffe et de buter les pieds. Protégez le tout d'une couche de feuilles ou d'un voile de forçage. Ce travail se réalise par temps sec, de façon à éviter la pourriture. Le manque d'eau chez l'artichaut entraîne une mauvaise qualité des têtes.

MALADIES ET PARASITES

L'artichaut est sensible à l'humidité de l'hiver : attention, la souche peut pourrir ! Les taches brunes sur les feuilles et la rumariose (taches grisâtres) peuvent nuire à la plante. Les plants d'artichauts peuvent également être attaqués par des altises, pucerons, vers gris et mollusques. Il faut donc, par précaution, ôter les feuilles et les pieds malades pour les brûler. Traitez ensuite à la bouillie bordelaise, surtout en préventif.

PRINCIPALES VARIÉTÉS

Les variétés les plus appréciées sont *le Vert de Laon* à large tête et feuilles écartées, le *Camus de Bretagne* à grosse tête ronde et bien serrée, *le Violet de Provence* de forme conique et de petite taille, que l'on appelle Poivrade quand il est jeune, et qui est consommé le plus souvent à la croque au sel…

RÉCOLTE ET CONSERVATION

Les artichauts se conservent quelques jours, à condition de plonger la tige dans un récipient rempli d'eau froide et de l'entreposer dans un endroit frais et légèrement obscur. Évitez de les mettre au réfrigérateur, car les feuilles deviendront noires et molles. Stérilisez les fonds 1 h 45 avec une eau salée à 10 g par litre. La congélation est très peu recommandée.

LE + SANTÉ

L'artichaut stimule le fonctionnement des intestins. Attention, mieux vaut le consommer rapidement après la cuisson pour éviter une altération plus ou moins toxique. Quand on boit un peu d'eau pure après avoir mangé de l'artichaut, une sensation de douceur apparaît au palais. C'est tout simplement l'action de l'inuline qui donne cette impression. On déguste souvent l'artichaut poivrade cru, mais attention : il peut provoquer des aphtes.

Beignets d'artichauts à l'italienne

PRÉPARATION ET CUISSON : 20 min

INGRÉDIENTS : *8 artichauts, 80 g de farine tamisée, 3 œufs, 3 cuill. d'huile d'olive, 1 citron vert et le jus ½ citron, sel et poivre du moulin, persil et basilic frais*

PRÉPARATION : Faites chauffer votre huile de friture. Préparez la pâte à frire : pour cela, mélangez la farine tamisée avec les œufs et l'huile d'olive, salez et poivrez légèrement. Laissez reposer au frais. Parez les artichauts en ne gardant que la partie comestible. Divisez ces artichauts en 4 ou 6, retirez le foin et les petites feuilles intérieures, puis blanchissez-les à l'eau citronnée pendant 10 min. Égouttez-les sur un papier absorbant.

Trempez vos quartiers d'artichaut dans la pâte, puis faites-les frire dans l'huile bien chaude, soit 170 °C environ. Les beignets doivent être biens colorés. Disposez-les sur un papier absorbant, et saupoudrez des herbes fraîches ciselées ; arrosez chaque beignet d'un peu de jus de citron vert. Servez aussitôt.

Terrine d'artichauts

PRÉPARATION ET CUISSON : 50 min

INGRÉDIENTS : *250 g de fonds d'artichaut, 2 courgettes, 2 crottins de chèvre, 2 tomates, 4 à 5 feuilles de menthe, 3 cuill. de jus de citron, 1 cuill. de parmesan, 2 œufs entiers, 20 cl de crème fraîche, 1 cuill. d'huile d'olive, sel fin, poivre du moulin*

PRÉPARATION : Mettez le four à chauffer sur th. 5. Beurrez un moule à cake. Taillez les courgettes en dés. Passez-les à la poêle avec de l'huile d'olive à feu doux jusqu'à ce qu'elles soient tendres. Assaisonnez correctement. Faites cuire les fonds d'artichaut à la vapeur pendant 10 min. Laissez-les refroidir et coupez-les en petits dés. Séchez tous les légumes sur un linge. Battez les œufs en omelette avec la crème et le citron, ajoutez le parmesan, la menthe hachée fraîche, le sel et le poivre. Mélangez aux légumes puis versez cette préparation dans le moule à cake. Faites cuire au bain-marie pendant 30 à 35 min. Servez froid avec une salade de saison et une sauce cocktail.

Artichauts poivrades à la barigoule

PRÉPARATION ET CUISSON : 55 min

INGRÉDIENTS : *6 artichauts poivrades, 3 gousses d'ail, 4 cuill. d'huile d'olive, 2 oignons, 2 carottes, 15 cl de vin blanc, sel, poivre du moulin*

PRÉPARATION : Épluchez et hachez les oignons, coupez les carottes en petits dés. Retirez quelques feuilles sur le pourtour des artichauts et coupez le haut des feuilles. Mettez un peu d'huile d'olive dans une casserole avec les oignons hachés et les dés de carottes. Posez les artichauts dessus, les feuilles tournées vers le haut. Assaisonnez l'ensemble et arrosez avec le restant d'huile d'olive, couvrez et faites cuire à feu moyen. Remuez de temps en temps et dès que la garniture commence à brunir, versez le vin blanc. Laissez réduire de moitié. Ajoutez l'ail haché, le bouillon de légumes ou de volailles et laissez cuire à petit feu. Vérifiez la cuisson en testant avec une pointe de couteau. Servez les artichauts avec la sauce.

Bavarois d'artichaut aux crevettes

PRÉPARATION ET CUISSON : 20 min
et 2 h de froid

INGRÉDIENTS : *600 g de fonds d'artichaut, 20 cl de crème fraîche liquide, 4 feuilles de gélatine, 300 g de crevettes décortiquées, vinaigrette, fines herbes et tomates, sel et poivre du moulin*

PRÉPARATION : Mettez la gélatine à ramollir dans un récipient d'eau froide. Cuisez les fonds d'artichaut à la vapeur, égouttez-les avant de les mixer finement au blender. Ajoutez la gélatine, assaisonnez et mélangez rapidement, et laissez refroidir. Montez la crème froide en chantilly. Incorporez-la à la première préparation. Posez un film alimentaire dans les ramequins puis versez un peu d'appareil aux artichauts. Mettez une couche de crevettes décortiquées et finissez par le reste de bavarois. Mettez au froid quelques heures. Démoulez les bavarois et disposez-les sur des assiettes froides. Nappez l'ensemble d'une sauce vinaigrette avec une légère pointe de moutarde, et parfumée à l'huile d'olive et au vinaigre balsamique. Décorez vos assiettes avec quelques morceaux de tomate et des fines herbes.

L'ASPERGE

Asparagus officinalis

- Famille des liliacées
- Origine : Bassin méditerranéen
- 25 calories pour 100 g
- Vous pouvez reconnaître les plants femelles à leurs fruits rouges.
- Elle apprécie la présence des laitues et des haricots nains entre les rangs, assurant donc un gain de place.
- Plantez en lune décroissante.

Le conseil du jardinier

La durée de production des asperges varie entre 7 ou 8 ans

HISTOIRE

Plante herbacée à tige souterraine, l'asperge donne chaque année des bourgeons, qui s'allongent en tiges charnues appelées « turions ». En France, c'est surtout sous le règne de Louis XIV que l'asperge commença à être en grande faveur, grâce à Jean-Baptiste de La Quintinie qui la cultiva pour satisfaire le Roi Soleil. Au début du XIXe siècle, seuls les plus aisés pouvaient déguster ce légume raffiné et coûteux. Dans la Grèce ancienne, l'asperge passait pour une plante aux vertus sacrées et aphrodisiaques.

CULTURE

Commencez par bien repérer l'endroit de plantation, car les asperges y resteront environ 6 ou 7 années. Labourez et amendez soigneusement le sol avec du fumier déshydraté ou du compost à raison d'une brouette au mètre carré. Début mars, creusez des tranchées de 25 cm de profondeur et 40 cm de large. Installez les griffes tous les 70 cm, en conservant 1 m d'espace entre chaque rang. Recouvrez de terre légère sans combler la tranchée. Nivelez le sol le printemps suivant. La troisième année, buttez sur 40 cm de haut. Les premières récoltes commenceront en avril, mais il est souhaitable de ne cueillir que 2 ou 3 turions par griffe pour une première récolte, afin d'éviter l'affaiblissement des griffes. Ensuite, nivelez et supprimez les tiges au mois de novembre. Ne replantez jamais au même endroit avant 3 ans.

MALADIES ET PARASITES

La rouille apparaît sur un terrain assez humide, laissant des taches orangées sur les tiges. Par ailleurs la mouche et le criocère vivent sur les tiges des jeunes pousses. Donc, il est préférable de supprimer les turions infectés et de les brûler. La fusariose, quant à elle, peut anéantir une production d'asperges. Pour tenter de combattre cette maladie, évitez une fumure trop pailleuse et traitez à la bouillie bordelaise tous les plants de 20 à 30 cm, même en préventif.

PRINCIPALES VARIÉTÉS

Les asperges vertes et blanches appartiennent à deux variétés différentes. Si les blanches peuvent verdir, les vertes ne peuvent pas blanchir. Seule une variété verte *UC157* venant de Californie est authentique. Les autres ne sont que des blanches qui ne deviennent vertes qu'une fois sorties de terre, lorsqu'apparaît la chlorophylle. Les variétés les plus connues sont *l'Alexandre-Marionnet, l'Aneto, la Violette hâtive d'Argenteuil, etc.*

RÉCOLTE ET CONSERVATION

Les asperges fraîches se gardent quelques jours dans une cave. Pour que la stérilisation soit parfaite, nettoyez-les et rangez-les dans des bocaux, puis couvrez d'eau salée à raison de 20 g par litre et d'un filet de citron. Laissez stériliser 1 h 30. Pour la congélation, nettoyez les asperges et mettez-les au grand froid côte à côte sur une grille, puis ensachez-les par douzaine. Consommez-les dans les 12 mois.

LE + SANTÉ

Les éléments nutritifs sont plus abondants dans les têtes d'asperge que dans les « corps ». L'asperge contient de l'asparagine, une substance acide diurétique qui lui donne sa saveur particulière. Elle contient du potassium, du cuivre, du calcium, du fer et du phosphore. Excellente source de minéraux, elle est riche en vitamines A, B1, B2, B6 et C.

Quiche aux asperges

PRÉPARATION ET CUISSON : 50 min

INGRÉDIENTS : *350 g de pâte brisée, 1 kg d'asperges épluchées, 3 œufs entiers, 25 cl de crème fraîche, 50 g de gruyère râpé, sel fin, poivre du moulin, 1 pointe de muscade*

PRÉPARATION : Cuisez les asperges à la vapeur 20 min après les avoir préparées. Ensuite égouttez-les correctement sur un papier absorbant. Battez les œufs, puis ajoutez la crème fraîche, le fromage râpé et l'assaisonnement, et mélangez bien. Étalez et foncez la pâte brisée, piquez-la avec une fourchette. Cuisez le fond à blanc sur th. 6 pendant 15 min, avec une protection de papier sulfurisé recouvert de noyaux de cerise ou de haricots blancs. Au bout de ce temps, retirez le moule du four, ôtez le papier sulfurisé. Coupez les asperges en tronçons de 4 cm, disposez-les sur le fond. Versez l'appareil et enfournez 25 min environ. Servez chaud avec une salade fraîche du jardin, parfumée à l'huile d'olive.

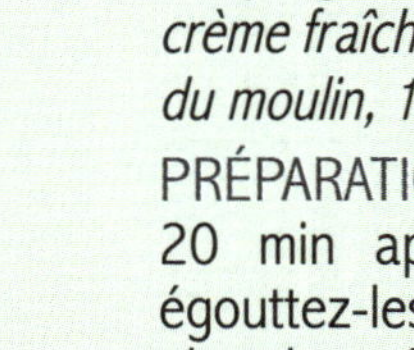

Œufs cocotte aux pointes d'asperges

PRÉPARATION ET CUISSON : 20 min

INGRÉDIENTS : *1 botte d'asperges vertes, 6 œufs, 50 cl de crème fraîche liquide, sel et poivre du moulin*

PRÉPARATION : Épluchez et coupez les pointes d'asperge. Mettez-les à cuire à la vapeur. Préchauffez le four sur th. 6. Beurrez 6 ramequins allant au four puis mettez 1 œuf, 2 bonnes cuillères de crème liquide, quelques pointes d'asperge et l'assaisonnement. Enfournez les 6 ramequins pendant 15 min. Dégustez-les dès la sortie du four avec des tranches de pain de campagne grillées.

Asperges sauce flamande

PRÉPARATION ET CUISSON : 20 min

INGRÉDIENTS : *2 kg d'asperges, 3 œufs, 200 g de beurre, ciboulette, persil, cerfeuil, 1 cuill. de vinaigre, sel fin, poivre du moulin*

PRÉPARATION : Faites durcir les œufs 10 min. Les asperges une fois épluchées, cuisez-les à la vapeur durant 20 min. Ensuite, préparez la sauce flamande : pour cela, mixez les œufs durs et les herbes. Dans une casserole mettez un peu d'eau de cuisson avec le vinaigre, faites-y fondre le beurre, puis ajoutez la première préparation et l'assaisonnement. Servez aussitôt.

Terrine d'asperges aux épinards sauce cocktail

PRÉPARATION ET CUISSON : 1 h 30

INGRÉDIENTS : *2 kg d'asperges, 5 feuilles de gélatine, 500 g d'épinards*

<u>Sauce cocktail</u> : 2 jaunes d'œuf, 12 cl d'huile d'olive, 12 cl d'huile d'arachide, 1 cuill. de cognac, 1 cuill. de sauce tomate, sel fin, poivre du moulin

PRÉPARATION : Équeutez et lavez les épinards. Mettez 3 feuilles de gélatine à ramollir dans l'eau froide. Habillez un moule à cake avec un film alimentaire. Cuisez les asperges à la vapeur, puis égouttez-les. Cuisez ensuite les épinards à la vapeur, pressez-les pour extraire le maximum d'eau de végétation. Mixez la moitié des asperges avec les épinards, ajoutez les feuilles de gélatine, assaisonnez et mélangez bien cette purée. Montez la terrine en alternant une couche d'asperges entières, une de purée verte, une feuille de gélatine. Refaites l'opération une fois. Posez le moule dans un bain-marie et enfournez pendant 45 min. Vérifiez la cuisson avec une pointe de couteau : elle doit ressortir sèche. Pendant ce temps, faites la sauce cocktail en préparant une sauce mayonnaise avec les deux huiles, puis ajoutez le cognac et une cuillère de sauce tomate. Assaisonnez. Démoulez la terrine après plusieurs heures de refroidissement puis coupez en tranches. Servez sur des assiettes froides avec la sauce cocktail.

L'AUBERGINE

Solanum Melongena

- Famille des solanacées
- Origine : Inde
- 20 calories pour 100 g
- Évitez de cultiver des pommes de terre à ses côtés.
- Attention aux doryphores !
- Semez en lune croissante.

Le conseil du jardinier

Pour garder une bonne fraîcheur, paillez les pieds ou mettez une couche de tonte de gazon.

HISTOIRE

D'abord consommée en Inde, l'aubergine s'est imposée en migrant vers l'ouest. Son voyage périlleux fut surtout marqué par l'an mille, où on l'accusait d'engendrer la lèpre et l'épilepsie. On l'a longtemps appelée la « pomme des fous », car la légende faisait croire que sa consommation pouvait faire perdre la raison. Connue aussi sous les noms de mélongène et de morelle, elle est cultivée en France depuis le début du XVIIe siècle. Sa consommation est en forte augmentation depuis une dizaine d'années. On la cultive de mars à octobre en France, et le reste de l'année elle nous arrive d'Israël et du Sénégal.

CULTURE

Préparez et griffez le sol début mai en l'enrichissant de terreau ou de compost bien décomposé. Tracez en respectant les distances de plantation, soit 50 cm en tous sens. Faites un trou, et mettez-y quelques feuilles d'ortie : c'est un bon apport d'engrais et une prévention contre le mildiou. Puis, plantez le pied d'aubergine. Attention, la surface de la motte doit affleurer le sol. Les plants peuvent être tuteurés comme les tomates. Au mois de juillet, taillez les plants pour assurer une bonne récolte. Coupez la tige principale au-dessus de la deuxième fleur. Toute nouvelle tige doit être taillée également au-dessus de la deuxième fleur. Ne gardez pas trop de ramifications autour de cette tige. La chaleur et l'arrosage sont indispensables pour une bonne production.

MALADIES ET PARASITES

Le mildiou, l'oïdium et la moisissure grise sont les principales maladies de l'aubergine. Attention aux pucerons, araignées rouges et mouches blanches! Les doryphores se régalent du feuillage: l'idéal est de les ramasser tous les jours plutôt que de traiter avec un produit phytosanitaire. N'arrosez pas avec une eau trop froide, car celle-ci fait « couler » les fleurs et la production sera moins importante.

PRINCIPALES VARIÉTÉS

Au nord de la Loire: la *Baluroi allongée, violette foncée*, mais aussi la *Bonica grosse* et bien ronde, presque noire; dans le sud de la Loire, plantez la *Violette de Florence* idéale pour la ratatouille, ou l'*Imperial Black*, variété ancienne plus tardive pouvant peser jusqu'à 1 kg.

RÉCOLTE ET CONSERVATION

Cueillez les aubergines au fur et à mesure des besoins, car elles se gardent très peu de temps au réfrigérateur: leur chair devient très molle. Après la cuisson, elle se congèle. La moussaka est un exemple de recette à base d'aubergine, tout comme la ratatouille. La stérilisation mais aussi une cuisson trop longue des aubergines sont absolument néfastes pour le résultat final.

LE + SANTÉ

L'aubergine est très riche en minéraux (potassium, magnésium) et en eau. Ses fibres abondantes constituées de pectine et de cellulose stimulent efficacement les intestins. Pour une meilleure tolérance, épluchez l'aubergine et retirez la partie centrale renfermant les pépins

Terrine d'aubergines à la tomate

PRÉPARATION ET CUISSON: 2 h

INGRÉDIENTS: *2,1 kg d'aubergines, 500 g de tomates mûres, 4 œufs entiers, 2 gousses d'ail, 2 cuill. de fines herbes, 10 cl de crème fraîche, 4 cuill. d'huile d'olive, sel fin et poivre blanc*

PRÉPARATION: Coupez les aubergines en deux dans la longueur, taillez la chair en croisillons, ajoutez la moitié de l'huile d'olive. Passez-les au four chaud sur th. 6 pendant 25 à 30 min. Après la cuisson videz les aubergines de leur pulpe, hachez-les au mixeur avec l'ail et les fines herbes, puis ajoutez les œufs, la crème, le reste de l'huile d'olive et l'assaisonnement en mélangeant énergiquement. Mondez les tomates, puis pressez-les pour extraire le maximum de jus tout en les gardant entières. Aplatissez-les sur une plaque et faites-les sécher au four moyen pendant 20 min. Chemisez un moule à cake avec une feuille d'aluminium, alternez une couche de farce d'aubergines, une couche de tomates, puis une couche d'aubergines. Mettez la terrine dans un bain-marie puis cuisez au four sur th. 6 pendant 1 h 30 environ. Laissez refroidir, démoulez et servez en tranches avec une viande froide et un coulis de tomates. Vous pouvez aussi servir la terrine en entrée avec des filets d'anchois... c'est un régal!

Caviar d'aubergines

PRÉPARATION ET CUISSON : 1 h 30

INGRÉDIENTS : *2,5 kg d'aubergines, 100 g d'oignons haché, 2 poivrons (vert et rouge), 2 gousses d'ail, 500 g de tomates, jus de 2 citrons, 5 cuill. d'huile d'olive, sel fin, poivre du moulin, 1 pincée de sucre*

PRÉPARATION : Frottez les aubergines avec un peu l'huile. Cuisez-les 40 min au four, puis épluchez-les avant de les hacher finement. Ciselez l'ail, hachez les oignons finement, épépinez et coupez en petits dés les poivrons et les tomates. Dans un peu d'huile d'olive, faites suer les oignons et incorporez les poivrons, l'ail, les aubergines en purée et les tomates. Assaisonnez, mettez une pincée de sucre si nécessaire. Cuisez à feu doux 30 min en remuant de temps à autre. En fin de cuisson, ajoutez le jus de citron et vérifiez l'assaisonnement. Servez le caviar en garniture de viandes ou de poissons grillés. C'est aussi un mets idéal à l'apéritif avec des tartines de pain de campagne grillées.

Gratin d'aubergines à la tomate

PRÉPARATION ET CUISSON : 50 min

INGRÉDIENTS : *1,8 kg d'aubergines, 1,5 kg de tomates, 2 gousses d'ail, 1 bouquet garni, 5 cuill. d'huile d'olive, 80 g de gruyère râpé, sel fin, poivre du moulin*

PRÉPARATION : Coupez les aubergines en tranches de 1 cm puis faites-les dégorger au gros sel. Hachez l'ail et les tomates fraîches. Préchauffez le four sur th. 6/7. Dans une sauteuse mettez l'huile, puis faites revenir l'ail, ainsi que les tomates hachées et le bouquet garni. Faites cuire pendant 30 min environ. Essuyez les tranches d'aubergine, passez-les à la poêle 30 secondes de chaque côté, puis posez-les sur du papier absorbant. Dans un plat à gratin, garnissez en alternant aubergines et fondue de tomates, puis finissez par les tomates et le fromage râpé. Faites cuirez 10 min, puis servez en garniture d'un poisson grillé ou d'une viande blanche.

Curry d'aubergines

PRÉPARATION ET CUISSON : 30 min + 1 h au gros sel

INGRÉDIENTS : *6 aubergines, 2 gros oignons, 80 g de raisins de Corinthe, 10 cl d'huile d'olive, 20 g de farine, 1 cuill. de curry, 50 cl de bouillon, sel fin, poivre du moulin*

PRÉPARATION : Coupez les aubergines en cubes et mettez-les pendant 1 h environ au gros sel, pour les faire dégorger. Émincez les oignons et mettez les raisins à gonfler dans l'eau tiède. Rincez et faites sauter les aubergines à l'huile d'olive, ajoutez les oignons et laissez cuire 5 min. Saupoudrez de farine et mouillez avec le bouillon de volaille. Ajoutez les raisins égouttés, le curry et l'assaisonnement. Mettez à cuire 25 min sur feu doux, les aubergines doivent rester fondantes. Servez le curry d'aubergines avec un sauté d'agneau.

LES BETTES

(ou blettes)

Beta vulgaris

- Famille des chénopodiacées
- Origine : Méditerranée
- 22 calories pour 100 g
- La bette apprécie le voisinage des carottes, radis, haricots verts, etc., mais pas de poireaux ni de fenouil à ses côtés.
- Semez en lune décroissante.

Le conseil du jardinier

Faites attention à ne pas mouiller les feuilles afin éviter les maladies.

HISTOIRE

Au gré des régions, la bette porte différents noms : bette à carde, blette, poirée, ou joutte dans le Bordelais. C'est une plante potagère qui fut très à la mode au XIXe siècle, mais qui a perdu de sa notoriété aujourd'hui. Elle appartient à la même famille que l'épinard, le quinoa et la betterave, dont elle est très proche. Elle ne présente pas de racine, mais des feuilles énormes et comestibles. La tige épaisse et tendre, que l'on appelle « côte » ou « pétiole », se déguste après avoir enlevé les filaments. Au IVe siècle avant notre ère, Aristote mentionne dans ses écrits une variété à tige rouge tandis qu'un siècle plus tard, le philosophe Théophraste parle de deux variétés, l'une à feuilles vertes claires et une autre à feuilles foncées. Il semblerait que, les Assyriens mangeaient déjà des feuilles de bette. Dans l'Antiquité, les Grecs et les Romains consommèrent également cette plante.

CULTURE

Dans une caissette, faites le semis vers le mois d'avril. Fin mai, repiquez les plants de bette tous les 50 cm dans un sol frais, profond et riche en humus. Arrosez régulièrement pour maintenir une ambiance humide, car ce légume supporte mal la sécheresse ; il est donc conseillé de pailler. Vous récolterez les premières côtes environ 90 jours après le semis et cela jusqu'aux premières gelées. Vous pouvez semer en place, pour cela espacez les rangs de 50 cm en tous sens. L'apport en engrais n'est pas nécessaire, toutefois un engrais riche en azote aide à stimuler la plante après une première récolte. Vous pouvez forcer les plants avec du purin d'ortie ou de consoude.

MALADIES ET PARASITES

La bette est sensible au mildiou et à la rouille. La pourriture est due à l'humidité excessive, donc n'arrosez pas trop, et surtout pas sur les feuilles. Faites un barrage aux limaces car elles sont gourmandes du feuillage. Pour cela, entourez le pied de bette d'un cordon de cendre de bois ou de sciure. Le piège à base de bière reste un anti-limace très efficace. Ne plantez pas les bettes après une récolte de betterave, les risques de maladies sont multipliés

PRINCIPALES VARIÉTÉS

Les espèces les plus recommandées sont les *Bettes à côtes blanches*, la *Blonde frisée*, la *Lucullus*, à feuilles ondulées cloquées avec des pétioles pouvant atteindre 10 cm de large. Depuis quelques années, il existe différentes variétés de couleur jaune, orange ou rouge. La couleur magnifique n'enlève rien à la qualité gustative.

RÉCOLTE ET CONSERVATION

Les bettes se récoltent au fur et à mesure des besoins. Vous pouvez prolonger la récolte en paillant et en buttant comme on le fait pour les artichauts. Une autre façon consiste à rentrer la touffe avec les racines dans un lit de sable humide, à l'abri du gel, ce qui permet de conserver les bettes plusieurs semaines après les grands froids.

LE + SANTÉ

Les bettes sont riches en minéraux et en fibres mais peu énergétiques. Cette plante est laxative et diurétique. Les feuilles vertes ont une composition intéressante, puisqu'elles fournissent une quantité importante de vitamine C et de fer. C'est un légume qui se déguste entièrement, la côte est fondante et le feuillage très apprécié dans un potage.

RECETTES

Cuisinez les côtes de bette

Les côtes sont très appréciées. Les plus tendres n'auront pas de filaments, mais les plus dures en auront; il est donc nécessaire de retirer tous les fils au couteau en faisant une incision du côté cassé de la côte. Ensuite coupez-les en tronçons de 6 cm environ, et cuisez-les pendant 30 minutes

Cuisinez les feuilles de bette

Les feuilles de bette sont cuisinées comme des épinards. Comptez 6 min de cuisson puis rafraîchissez-les à l'eau froide. Les feuilles blanchies peuvent servir de papillotes pour envelopper une farce composées de tomates, oignons émincés, raisins, abricots secs, pignons et herbes aromatiques. Servez avec un coulis de tomates et de poivrons. Avec des bettes ciselées et fondues au beurre, vous pouvez préparer une omelette!

Bettes à la moelle

PRÉPARATION ET CUISSON : 25 min

INGRÉDIENTS : *1 kg de côtes de bette, 60 cl de bouillon de pot-au-feu, 50 g de beurre, 50 g de farine, sel fin, poivre du moulin, 4 ou 5 os à moelle*

PRÉPARATION : Prévoyez cette recette en même temps qu'un pot-au-feu, pour avoir le bouillon nécessaire à la sauce et les os à moelle cuits dans une mousseline. Cuisez les bettes à la vapeur pendant 15 min environ. Faites un roux avec le beurre et la farine puis versez le bouillon de pot-au-feu doucement, et laissez cuire lentement en fouettant de temps en temps. Vérifiez l'assaisonnement, puis ajoutez les tronçons de bette et la moelle des os. Laissez mijoter 10 min, puis servez très chaud.

Bettes à la crème de roquefort

PRÉPARATION ET CUISSON : 30 min

INGRÉDIENTS : *1 kg de côtes de bette, 80 g de beurre, 50 g d'échalotes hachées, 20 cl de crème fraîche, 80 g de roquefort, sel fin, poivre du moulin*

PRÉPARATION : Préparez et cuisez les côtes de bette à la vapeur une quinzaine de minutes, retirez-les et épongez-les sur un papier absorbant. Dans un sautoir, faites-les étuver pendant 10 min avec le hachis d'échalotes et l'assaisonnement. Mouillez avec la crème bouillante et faites cuire jusqu'à une réduction suffisante. Ajoutez le roquefort et fouettez correctement. Servez avec des darnes de saumon grillées.

LA BETTERAVE

Beta vulgaris

- Famille des chénopodiacées
- Origine : Grèce
- 20 calories pour 100 g
- Attention, elle déteste le voisinage de la carotte et de la tomate.
- Semez en lune décroissante.

Le conseil du jardinier

Évitez de repiquer les betteraves, car l'arrêt de végétation génère des racines souvent filandreuses.

HISTOIRE

Dans la littérature grecque, la betterave faisait déjà parler d'elle. À l'époque, un miel végétal était extrait de sa racine et ses feuilles nourrissaient le bétail. Au Moyen Âge, elle fut le plus souvent cultivée dans les monastères de France et d'Espagne, puis sur tout le territoire européen. Dès 1575, l'agronome français Olivier de Serres remarqua sa forte teneur en sucre, mais l'intérêt pour la betterave sucrière ne sera suscité qu'en 1747, quand Andreas Sigismund Marggraf, un chimiste prussien, démontra que les cristaux sucrés de betterave étaient identiques à la canne à sucre. C'est Napoléon Ier qui lança la culture de la betterave sucrière. L'empereur avait été définitivement conquis lorsque le banquier Benjamin Delessert, ayant repris les travaux de Marggraf, lui présenta un succulent pain de betterave, ce qui lui valut d'ailleurs le titre de baron d'Empire. C'est au XIXe siècle que la betterave trouve sa place, crue ou cuite, dans les salades et parmi les crudités, ainsi qu'en légume d'accompagnement.

CULTURE

La betterave n'est pas un légume capricieux. Elle peut se cultiver aussi bien dans une terre sableuse que dans une terre forte, à condition de bien la travailler pour la rendre meuble et de ne pas la laisser dessécher par forte chaleur. Semez dès le mois de mai dans une terre pleine pas trop épaisse : la graine, qui est assez grosse, le permet. Espacez les lignes de 30 cm en tous sens. Semez, arrosez et griffez régulièrement pour permettre une bonne croissance. Attendez que les plants possèdent quatre feuilles pour pouvoir éventuellement les éclaircir et les repiquer si besoin. Pour cela, coupez les feuilles à 3 cm du collet et espacez-les tous les 15 cm pour avoir une bonne récolte de taille moyenne. Comptez 3 à 4 mois avant la récolte.

MALADIES ET PARASITES

La betterave est sensible au mildiou et à la rouille, deux maladies qui s'attaquent aux feuilles. En prévention, pulvérisez de la bouillie bordelaise. L'altise, le silphe et le puceron noir sont friands des feuilles ; quant aux racines, elles sont la cible du ver blanc qui n'est autre que la larve du hanneton. Le respect des « bonnes » pratiques de culture, comme l'apport de fumure et de compost, la rotation des cultures, l'arrosage, etc., reste toujours un bon moyen de prévention contre les attaques d'insectes ou les maladies. De nombreux prédateurs naturels, comme les oiseaux ou les hérissons, se nourrissent de vers et de chenilles. Il faut donc faire en sorte de préserver l'habitat de ces auxiliaires efficaces.

PRINCIPALES VARIÉTÉS

Il existe deux catégories de racines de betterave bien connues : la *Longue Crapaudine*, à la chair rouge sucrée, de venue tardive et de bonne conservation ; la *Ronde plate d'Égypte*, d'un goût sucré et très parfumée ; la *Lorette* à chair fine et rouge foncé ; la *Monogram*, ronde, très lisse et rouge carmin uniforme. Il existe d'autres couleurs de betterave beaucoup moins connues : jaune doré, blanc, rouge cerclé de blanc…

RÉCOLTE ET CONSERVATION

Après l'arrachage, laissez les betteraves « ressuyer » sur le terrain sec toute une journée. Ensuite, coupez les feuilles à 2 cm du collet et entreposez-les dans la cave avec un peu de sable sec pour les recouvrir un peu. Une autre méthode consiste à les éplucher et les couper à cru. Mettez-les en bocaux avec 10 g de sel sans eau, puis stérilisez 1 h 45. Vous pouvez les déguster à tout moment.

LE + SANTÉ

Pour un légume racinaire, la betterave propose un bon apport énergétique. Composée de glucides, principalement sous forme de saccharose, diurétique, tonifiante, elle accroît la résistance de l'organisme. En effet, elle contient un large éventail de minéraux et principalement du potassium, du calcium et du magnésium. Les fibres, conjuguées au magnésium, permettent de lutter contre la paresse intestinale et de régulariser l'assimilation des glucides. La betterave doit sa couleur rouge à un pigment spécifique nommé la bétanine, qui s'élimine partiellement par voie urinaire. Elle contient une bonne source de vitamines B dont la vitamine B9, recommandée aux femmes enceintes, jeunes femmes et personnes âgées qui en sont souvent carencées.

Betteraves aux tranches d'agrumes

PRÉPARATION ET CUISSON : 1 h

INGRÉDIENTS : *3 betteraves moyennes, 4 oranges non traitées, 2 pamplemousses, 3 oignons doux et rouges, 2 cuill. de graines de tournesol grillées, sel fin, poivre du moulin*

PRÉPARATION : Faites cuire les betteraves 45 min à la vapeur. Ensuite coupez-les en fines rondelles. Pelez à vif et coupez en tranches 3 oranges et 1 pamplemousse, puis pressez le jus des agrumes restants pour l'assaisonnement. Émincez les oignons rouges pour avoir des rondelles de décoration. Servez sur des assiettes froides en intercalant les tranches de betterave et d'agrumes pour avoir une belle présentation. Parsemez çà et là les graines de tournesol et les rondelles d'oignon. Dans un bol, mettez le jus des agrumes, l'assaisonnement et fouettez avec un peu d'huile d'olive. Versez cette sauce avec parcimonie sur les assiettes et servez frais.

Coulis de betteraves au vinaigre de framboise

PRÉPARATION ET CUISSON : 50 min

INGRÉDIENTS : *2 belles betteraves, 2 cuill. de vinaigre de framboise, 2 cuill. d'eau froide, sel fin, poivre du moulin*

PRÉPARATION : Cuisez les betteraves 45 min à la vapeur. Ensuite coupez-les en plusieurs morceaux avant de les mixer. Ajoutez le vinaigre de framboise et 1 ou 2 cuillères d'eau tout en mixant. Veillez à garder une bonne onctuosité comme pour tous les coulis. Assaisonnez en accentuant un peu plus sur le poivre du moulin pour donner une note supplémentaire. Servez avec un poisson grillé ou meunière.

Millefeuilles de betteraves et de chèvre au noix

PRÉPARATION ET CUISSON : 55 min

INGRÉDIENTS : *3 betteraves rouges, 300 g de chèvre frais, 15 cl de crème fraîche épaisse, 200 g de cerneaux de noix, 3 cuill. d'huile de noix, 1 cuill. de vinaigre balsamique, ½ botte de ciboulette, sel et poivre du moulin*

PRÉPARATION : Lavez et cuisez les betteraves environ 20/30 min à la vapeur. Ciselez la ciboulette. Réservez 6 cerneaux de noix entiers et concassez les autres au rouleau à pâtisserie. Malaxez à la fourchette le fromage de chèvre et la crème fraîche. Assaisonnez puis incorporez les cerneaux concassés et la ciboulette ciselée. Réservez l'ensemble au frais. Préparez une vinaigrette avec l'huile de noix et le vinaigre balsamique. Épluchez et coupez les betteraves en lamelles de 0,5 cm d'épaisseur. Montez les milles feuilles dans un cercle en intercalant la betterave et le fromage afin d'obtenir 4 épaisseurs. Recouvrez toujours d'une dernière lamelle de betterave. Ôtez le cercle, déposez dessus un cerneau de noix et arrosez avec parcimonie de vinaigrette. Décorez de quelques feuilles de mâche.

Salade de betteraves, pommes et roquette

PRÉPARATION ET CUISSON : 20 min

INGRÉDIENTS : *1 pomme granny-smith, ½ citron, 1 betterave crue, 150 g de crevettes roses décortiquées, ½ botte de coriandre fraîche, 100 g de roquette, graines de sésame, sel fin et poivre du moulin*

<u>Pour la vinaigrette</u> : 20 g de miel, 3 cl de jus de citron jaune, 8 cl d'huile d'olive, sel fin, poivre

PRÉPARATION : Lavez la pomme, puis taillez-la en très petits dés. Arrosez-la de jus de citron pour ne pas qu'elle s'oxyde. Lavez la coriandre fraîche, séchez-la et hachez-la. Épluchez la betterave crue. Coupez-la en fines tranches, puis en bâtonnets. Faites-la dégorger dans un bol d'eau froide quelques minutes, puis égouttez-la et séchez-la sur un papier absorbant. Dans un saladier, réunissez les dés de pomme, les bâtonnets de betterave et la coriandre fraîche. Dans un bol, mélangez les ingrédients de la vinaigrette, ainsi que l'assaisonnement. Versez 2 cuillères à soupe de cette vinaigrette sur les crevettes roses, mélangez délicatement. Assaisonnez la roquette avec le restant de vinaigrette. Répartissez en verrines la salade de pommes, garnissez le dessus de roquette, et ajoutez les crevettes bien assaisonnées. Décorez de zestes de citron, de graines de sésame et de feuilles de coriandre.

LA CAROTTE

Daucus carota

- Famille des ombellifères
- Origine : Moyen-Orient
- 40 calories pour 100 g
- Le marc de café et les radis éloignent les araignées rouges.
- L'oignon est très efficace contre la mouche de la carotte.
- Semez en lune décroissante.

Le conseil du jardinier

Vous pouvez semer des radis en même temps que les carottes pour une raison simple et logique : en récoltant les radis, vous éclaircissez les carottes.

HISTOIRE

Bien longtemps avant notre ère, les habitants du Bassin méditerranéen consommaient ce légume racine. Les Grecs et les Romains ne l'appréciaient guère, mais, il faut le dire, à cette époque les carottes devaient avoir une couleur blanchâtre, une peau coriace et un cœur très fibreux. À la Renaissance, on parviendra à améliorer l'espèce et à la rendre suffisamment goûteuse pour être parfaitement appréciée des tables royales. Mais ce n'est qu'à partir du XIXe siècle que la carotte va acquérir sa belle couleur rouge orangé, et devenir enfin le tendre légume que nous connaissons aujourd'hui.

CULTURE

Le terrain doit être soigneusement préparé. Après un bêchage d'hiver, griffez et ratissez correctement. La carotte apprécie un sol profond, frais et bien travaillé. Éliminez un maximum de cailloux car la carotte a tendance à « fourcher » à la rencontre d'un obstacle. Si la terre est un peu lourde, ajoutez du sable ou de la tourbe pour alléger l'endroit du semis. En février, vous pouvez semer les variétés primeurs. Attendez juin pour semer les carottes de longue conservation. Au

moment du semis, tracez des sillons de 1 cm de profondeur en respectant 30 cm entre les rangs. Refermez le sillon avec un râteau en tassant légèrement, puis arrosez en pluie fine. Un mois après la levée, éclaircissez votre semis à 3 cm. Attendez 4 mois environ pour récolter de belles carottes.

MALADIES ET PARASITES

Les maladies rencontrées sont le mildiou, l'oïdium, l'alternariose et la mouche de la carotte. La fonte des semis, causée par plusieurs champignons du sol, fait disparaître les jeunes plants. Les pucerons de la carotte sont justes ravageurs des feuilles, mais ne cause aucun dégât sur la racine. Les araignées rouges, elles, sont gourmandes du semis de carotte, alors pour éviter la catastrophe et les détourner de leur festin, éparpillez sur le sol du marc de café, elles n'apprécient pas cette odeur !

PRINCIPALES VARIÉTÉS

Les variétés de carottes sont nombreuses ; choisissez-les suivant la période de l'année à laquelle vous désirez les semer. Les *Carottes courtes de Hollande* ou de *Guérande* sont des variétés primeurs de consommation rapide. La *Carotte nantaise demi-longue, la Géante de Milly, la Demi-Longue de Chantenay* sont des variétés qui demandent plus de temps de culture mais qui se conservent idéalement tout l'hiver.

RÉCOLTE ET CONSERVATION

Conservez les carottes dans une caisse en alternant une couche de sable sec et une rangée de carottes. Stockez-les dans un endroit frais, aéré, obscur et hors gel. Coupez auparavant les feuilles 1 cm au-dessus du collet. Ne stockez pas les racines abîmées et consommez-les en premier. Les racines peuvent rester en place dans le jardin durant l'hiver s'il ne gèle pas trop fort ; sinon, la pourriture est garantie, sans oublier le grignotage des petits mammifères rongeurs. La carotte peut être stérilisée, mais elle ne supporte pas la congélation.

LE + SANTÉ

La carotte est riche en carotène. Elle contient de la vitamine A, mais aussi de la vitamine B1 et B2. Les principaux minéraux sont le potassium, le calcium, le magnésium et le fer. La teneur en fibres est importante. Il est prouvé que boire un verre de jus de carotte par jour donne une bonne dose de vitamines, et en plus cela facilite le bronzage : alors, buvons du jus de carotte !

Flan de carottes

PRÉPARATION ET CUISSON : 55 min

INGRÉDIENTS : *1 kg de carottes, 4 œufs entiers, 2 jaunes d'œuf, 100 g de crème fraîche, sel fin, poivre, muscade*

PRÉPARATION : Beurrez un moule à cake. Préchauffez le four sur th. 6. Épluchez, émincez et cuisez les carottes à la vapeur, puis séchez-les bien au four. Mixez-les en purée. Dans un saladier, mélangez les œufs, les jaunes et la crème fraîche. Assaisonnez correctement, puis incorporez ce mélange à la purée. Versez l'appareil dans le moule à cake, posez-le dans un bain-marie et enfournez-le pendant 40 min environ. Sortez-le du four une fois cuit et laissez-le reposer 10 min avant de le démouler. Servez ce plat de légumes en garniture d'un gigot de sanglier bien aillé.

Soufflé de carottes et gouda au cumin

PRÉPARATION ET CUISSON : 1 h

INGRÉDIENTS : *500 g de carottes, 100 g de pommes de terre, 6 œufs, 50 g de beurre, 50 g de farine, 25 cl de lait, 100 g de gouda, ½ cuill. de cumin en poudre, sel, poivre du moulin*

PRÉPARATION : Épluchez les carottes et les pommes de terre. Faites-les cuire à la vapeur une quinzaine de minutes. Ensuite mixez-les en purée fine. Râpez le gouda finement. Préchauffez le four sur th. 7. Réalisez le roux avec le beurre et la farine. Versez ensuite le lait chaud petit à petit pour former une béchamel. Incorporez le gouda et les jaunes d'œuf. Une fois le fromage fondu, incorporez la béchamel à la purée de carottes. Assaisonnez. Laissez refroidir légèrement. Montez les blancs en neige bien ferme puis incorporez-les doucement au mélange avec une spatule en bois. Versez la préparation dans un moule à soufflé préalablement beurré et enfournez pour environ 35 min. Attention : mieux vaut attendre le soufflé car lui n'attendra pas : il se dégonflera aussitôt.

Cake aux carottes et aux raisins

PRÉPARATION ET CUISSON : 1 h 15

INGRÉDIENTS : *3 œufs entiers, 150 g de farine, 1 sachet de levure, 15 cl d'huile d'olive, 10 cl de lait, 100 g de fromage râpé, 2 cuill. de bouillon de volaille, 5 carottes, 100 g de raisins secs, 1 pincée de cannelle, 1 noix de beurre, sel, poivre du moulin*

PRÉPARATION : Mettez les raisins à tremper dans un peu de thé chaud. Faites revenir des rondelles de carotte dans un peu d'huile d'olive pendant 2 min. Ajoutez les raisins égouttés, la cannelle et l'assaisonnement. Laissez cuire quelques minutes à couvert, puis versez 2 cuillères de bouillon de volaille, et laissez mijoter 15 min. Dans un saladier, mélangez la farine avec la levure et les œufs, puis ajoutez l'huile d'olive restante, le lait, le fromage râpé et enfin les carottes cuites et bien égouttées. Versez cette préparation dans un moule à cake beurré et fariné. Enfournez et faites cuire 45 min. Vérifiez la cuisson avec une lame de couteau : elle doit ressortir sèche si le cake est cuit. Servez tiède avec un poisson grillé ou tout simplement avec une salade de mâches.

Carottes confites au cumin

PRÉPARATION ET CUISSON : 1 h 40

INGRÉDIENTS : *1 kg de carottes, 10 cl d'huile d'olive, 4 oranges, 2 cuill. de coriandre fraîche, 1 cuill. de sucre en poudre, ½ cuill. de cumin, sel fin, poivre du moulin*

PRÉPARATION : Épluchez les carottes et coupez-les en rondelles fines. Pressez les oranges pour en extraire le jus. Préchauffez le four sur th. 4. Dans une cocotte, mettez les carottes, le jus d'orange, l'huile d'olive, le cumin, le sucre, le sel, le poivre du moulin. Portez à ébullition, couvrez et enfournez pendant 90 min en gardant une température faible. En fin de cuisson ajoutez la coriandre ciselée. Servez avec des filets de poisson poêlés ou une viande blanche.

LE CÉLERI

(Céleri-rave et Céleri-branche)

Apium graveolens

HISTOIRE

Plante originaire de la région méditerranéenne, on déguste tantôt sa racine (céleri-rave), tantôt ses branches (céleri-branche). Le nom latin de l'ache, apium, veut dire « qui croît dans l'eau ». Ce mot désignait également le persil, qui est un proche cousin du céleri. On connaît l'ache depuis la haute Antiquité, en Europe et en Asie. Cette plante sauvage au goût très fort était utilisée comme herbe aromatique et médicinale. À partir du XVIe siècle, elle va devenir, grâce au travail des botanistes, un véritable légume. Son entrée dans l'art culinaire date de la Renaissance, quand les Italiens découvrirent le buttage en recouvrant les pieds du céleri-branche avec de la terre pour les faire blanchir, certaines variétés blanchissant sans buttage aujourd'hui. Le céleri-rave va nous parvenir de ce même pays deux siècles plus tard : cette fois, c'est sa racine que l'on a fait grossir.

- Famille des ombellifères
- Origine : Bassin méditerranéen
- 20 calories pour 100 g
- Cultivez-le auprès des poireaux mais évitez systématiquement les pommes de terre à ses côtés.
- Semez en lune décroissante.

Le conseil du jardinier

C'est un légume qui exige des fertilisants riches en nutriments ainsi que beaucoup d'eau.

CULTURE

Pour le bon développement du céleri, offrez-lui un sol léger, frais et profond. Une exposition ensoleillée est recommandée. Le céleri-branche ou rave se cultive quasiment de la même façon. En mars, faites le semis dans un mélange de terreau et de sable ; la germination des graines peut prendre 15 à 20 jours. Repiquez-les en pots lorsque les plants ont 3 feuilles. Ensuite, mettez-les en place : pour cela, griffez le sol en apportant un peu de compost. Plantez tous les 35 cm en tous sens, puis arrosez copieusement. Le céleri-rave n'apprécie guère les à-coups de croissance, alors durant la culture le sol doit rester toujours humide ; l'arrosage en goutte-à-goutte permet

de ne pas tasser la terre, ce qui est l'idéal pour cette culture. La déshydratation se manifeste par une atrophie de la boule, alors que les racines se développent pour chercher l'eau. Pour réussir le céleri-branche, serrez les côtes par temps sec avec du raphia et buttez-les de façon à les blanchir 15 jours avant de les déguster. Attendez le mois d'octobre pour récolter les céleris-raves.

MALADIES ET PARASITES

La rouille et le mildiou sont les maladies principales du céleri. La mouche du céleri et les mollusques attaquent sérieusement cette plante. Sur les jeunes plants, traitez en préventif à la bouillie bordelaise tous les quinze jours.

PRINCIPALES VARIÉTÉS

Le *Géant doré*, précoce, à large côtes et aux feuilles dorées, ne demande pas de buttage, par contre l'*Elne* exige un buttage sérieux. Pour les raves, les variétés les plus connues sont : le *Céleri des maraîchers* qui résiste aux maladies ; le *Président*, roi de la conservation ; l'*Alba* à la grosse racine, résistant au froid, et le plus cultivé aujourd'hui pour sa chair bien blanche.

RÉCOLTE ET CONSERVATION

Préparez les céleris-branches sans détacher les côtes, puis rangez les cœurs de céleri dans des bocaux à la verticale. Couvrez d'eau avec 5 g de sel et 1 cuillère de jus de citron, puis stérilisez 2 h 15. Rincez les céleris avant de les consommer. Les raves se conservent dans du sable de la même façon que les carottes. Le céleri ne supporte pas la congélation mais accepte la stérilisation.

LE + SANTÉ

Recommandé en cas de paresse intestinale, le céleri contribue à renforcer l'apport en minéraux et en vitamines. Les boules de rave sont riches en essences aromatiques volatiles renfermant des terpènes et servent à la préparation du « sel de céleri ». Attention : en cas de régime hyposodé, le céleri est déconseillé. Le céleri-rave est riche en potassium et contient de la vitamine C, ainsi que de la vitamine B9. On le dit apéritif, diurétique, dépuratif, antirhumatismal et tonique. Le jus de céleri faciliterait la cicatrisation des ulcères et des blessures lorsqu'il est appliqué directement en compresse.

RECETTES

Retirez les côtes vertes et filandreuses du céleri-branche. Coupez le bout des branches de façon à garder 20 à 25 cm de cœur. Lavez et blanchissez à l'eau pendant 10 min. Vous pouvez aussi le déguster cru avec un peu de beurre salé.

Épluchez la boule de céleri-rave puis la citronnée de façon à éviter l'oxydation. Coupez en rondelles, en quartiers ou autres et cuisez-les à la vapeur pendant 15 min. Bien sûr vous pouvez servir le céleri râpé avec de la sauce rémoulade.

Céleri-branche à l'antiboise

PRÉPARATION ET CUISSON : 20 min

INGRÉDIENTS : *1 céleri-branche, 12 filets d'anchois, 2 cuill. d'huile d'olive, 1 cuill. de vinaigre, ½ botte de persil, sel et poivre du moulin*

PRÉPARATION : Faites cuire les œufs pendant 10 min puis écalez-les. Nettoyez le céleri-branche, puis émincez-le assez finement. Mixez les filets d'anchois avec les œufs durs, et mélangez l'ensemble au céleri émincé. Faites la vinaigrette et ajoutez-la au plat. Il ne reste plus qu'à servir ce plat bien frais.

Céleri-rave Soubise

PRÉPARATION ET CUISSON : 25 min

INGRÉDIENTS : *2 boules de céleri, 4 gros oignons, 25 cl de bouillon de volaille, 100 g de beurre, 1 jaune d'œuf, 15 cl de crème fraîche, sel fin, poivre blanc*

PRÉPARATION : Épluchez et coupez en dés le céleri-rave, puis émincez les oignons. Dans une sauteuse, mettez le beurre et faites revenir les oignons et le céleri, puis laissez prendre un peu de couleur et mouillez avec le bouillon de volaille ; assaisonnez et laissez cuire environ 20 min. Pendant ce temps, battez la crème fraîche et le jaune d'œuf, puis ajoutez cet appareil au céleri, et mélangez correctement. Servez aussitôt avec des filets de poisson cuits à la vapeur.

Gratin de pommes et céleri-rave

PRÉPARATION ET CUISSON : 40 min

INGRÉDIENTS : *3 pommes reinettes, 1 boule de céleri-rave, 2 œufs entiers, 2 jaunes d'œuf, 20 cl de crème fraîche, 20 cl de lait*

PRÉPARATION : Commencez par chauffer le four sur th. 6. Taillez le céleri-rave en lamelles, puis cuisez-les à la vapeur pendant 15 min. Épluchez les pommes, et taillez-les en demi-tranches. Dans un saladier, mélangez les œufs et les jaunes, puis assaisonnez. Ajoutez la crème fraîche et le lait. Vérifiez l'assaisonnement. Beurrez les 6 ramequins, puis rangez les pommes en alternant avec les tranches de céleri, et versez la préparation crémée. Mettez les ramequins au bain-marie et cuisez au four à couvert durant 15/20 min environ.

Clafoutis aux deux céleris, jambon de Parme et ricotta

PRÉPARATION ET CUISSON : 45 min

INGRÉDIENTS : *350 g de pâte brisée, ½ céleri-rave, 3 branches de céleri, 200 g de jambon de Parme, 100 g de ricotta, 2 cuill. de farine, 3 œufs, 45 cl de lait, 20 g de beurre, el fin, poivre du moulin et 1 pointe de muscade*

PRÉPARATION : Foncez un moule à tarte avec la pâte brisée et piquez-la à la fourchette. Préchauffez le four sur th. 7. Dans un saladier, battez ensemble les œufs, la farine, la riccota et le lait. Assaisonnez et râpez une pointe de muscade. Épluchez le céleri-rave et râpez-le correctement à la moulinette. Nettoyez les branches de céleri et émincez-les assez finement. Faites blanchir 5 min les deux céleris dans de l'eau bouillante, puis égouttez-les soigneusement. Coupez le jambon en petits dés. Déposez les dés de jambon et les légumes sur le fond de pâte. Versez l'appareil crémé sur les légumes. Faites cuire au four 30 min environ : le dessus doit dorer sans brunir. Servez chaud ou tiède suivant votre goût. Très facile à réaliser, ce plat peut être aussi bien une entrée qu'un plat complet si vous l'accompagnez d'une belle salade parfumée à l'huile d'olive.

LA CHAYOTE

Sechium edule

- Famille des liliacées
- Origine : Asie centrale
- 138 calories pour 100 g
- La chayote apprécie le voisinage du chou et des haricots à rames.
- Semez en lune croissante.

Le conseil du jardinier

Six mois sont nécessaires pour une bonne maturation des fruits.

HISTOIRE

La chayote (christophine aux Antilles, chouchou à la Réunion) est une plante vivace de la famille des cucurbitacées, cultivée comme plante potagère pour son fruit comestible à maturité. Les fleurs mâles sont réunies en grappes, tandis que les fleurs femelles sont solitaires, toutes apparaissant à l'aisselle des feuilles. Le fruit est une grosse baie d'une quinzaine de centimètres de longueur, en forme de grosse poire biscornue. Il est jaune crème ou vert pâle et n'a, contrairement aux autres cucurbitacées, qu'une seule graine. La chayote était cultivée par les Aztèques, et tire son surnom de « christophine » de Christophe Colomb, qui la rapporta d'Amérique centrale.

CULTURE

La chayote demande un sol frais, ameubli et bien fumé, de préférence dans un coin chaud et bien ensoleillé. Elle est généralement cultivée sous tonnelle, dans des zones humides à température modérée. Sa culture est très simple et conduit à des rendements de production élevés. La multiplication se fait par plantation du fruit assez tôt en fin d'hiver, dans un endroit abrité et chaud. Pour cela, mettez le fruit dans un pot de terreau la pointe en haut. Le plant est ensuite mis en place vers le mois de mai dès que les dernières gelées sont écartées.

MALADIES ET PARASITES

Comme chez toutes les cucurbitacées, les maladies prévisibles sont le mildiou et l'oïdium, cette maladie qui filtre l'énergie solaire et peut faire mourir la plante. Traitez avec de la bouillie bordelaise. Attention aux limaces, elles sont gourmandes du feuillage ; alors, posez des pièges pour éviter de perdre vos plants.

PRINCIPALES VARIÉTÉS

Il existe trois variétés de chayotes, qui n'ont pas de dénomination spéciale :

- une variété vert pâle en forme de poire qui est la plus connue en France ;
- une petite variété de couleur crème ;
- une dernière, vert foncé et plus épineuse.

RÉCOLTE ET CONSERVATION

La récolte intervient entre octobre et novembre, et la conservation ne dure que quelques semaines. La stérilisation n'est pas recommandée, par contre la congélation donne d'assez bons résultats. Pour cela, plongez les chayotes dans l'eau bouillante 20 min puis ôtez la peau. Coupez les fruits en deux pour enlever la seule graine. Posez-les sur un plateau côte à côte puis mettez-les au grand froid avant de les ranger ensuite dans des sacs de congélation.

LE + SANTÉ

La chayote est un légume diététique, diurétique, riche en eau, en potassium, en cuivre et en magnésium ; elle contient en outre 11 % de vitamine C. C'est une plante pauvre en calorie mais riche en sels minéraux ; ses fruits sont intéressants sur le plan diététique. Leur eau de cuisson est réputée pour faire baisser la tension.

Ragoût de christophines parfumé au safran

PRÉPARATION ET CUISSON : 35 min

INGRÉDIENTS : *6 christophines, 2 gousses d'ail, 3 oignons, 2 branches de thym, 1 morceau de gingembre, 2 tomates, 2 g de safran en poudre, 2 cuill. d'huile d'olive, 10 cl de bouillon de volaille, sel et poivre du moulin*

PRÉPARATION : Nettoyez et épluchez les christophines en enlevant bien la peau dans les sillons, puis rincez-les abondamment. Faites-les cuire dans de l'eau salée pendant 20 min. Ensuite, égouttez-les et coupez-les en lamelles assez épaisses. Écrasez et mélangez l'ail, le safran, le gingembre et le sel. Émincez les oignons et faites revenir dans une cocotte avec un peu d'huile d'olive. Ajoutez les tomates concassées, le mélange d'ail et laissez mijoter 5 min. Ajoutez les lamelles de christophine et le bouillon de volaille, puis laissez cuire 5 min en remuant. Servez cette garniture avec un poisson cuit en papillote.

Chayotes farcies aux crevette

PRÉPARATION ET CUISSON : 30 min

INGRÉDIENTS : *3 chayotes, 300 g de crevettes, 2 gousses d'ail, 50 g de chapelure, 1 oignon, 1 citron, 1 cuill. d'huile d'olive, 1 brin de thym, sel, poivre du moulin*

PRÉPARATION : Cuisez les chayotes entières à la vapeur pendant 20 min environ suivant la grosseur. Ensuite, égouttez et coupez-les en deux dans le sens de la longueur. Enlevez leur graine et évidez-les de leur chair sans abîmer la « coque ». Réduisez la chair en purée. Faites revenir dans l'huile d'olive l'oignon émincé, l'ail pilé et le thym. Ajoutez la chair des chayotes et laissez cuire 5 min, puis assaisonnez correctement. Décortiquez les crevettes, coupez-les en petits morceaux et faites-les mariner dans le jus de citron 15 min, puis versez dans la purée de chayote. Garnissez les coques de cette farce, saupoudrez de chapelure et laissez gratiner quelques minutes. Dégustez chaud sans plus attendre.

Confiture de chayotes

PRÉPARATION ET CUISSON : 1 h
+ 12 h de macération

INGRÉDIENTS : *1 kg de christophines, 300 g d'oranges, 500 g de sucre roux, 1 gros citron*

PRÉPARATION : Nettoyez et épluchez les christophines en enlevant bien la peau dans les sillons, puis rincez-les abondamment. Coupez-les en deux dans le sens de la longueur, ôtez la graine et coupez-les en cubes. Taillez les oranges en quartiers puis pressez le citron et zestez la peau. Dans votre bassine à confiture, mettez les cubes de christophine, les quartiers d'orange, le jus et les zestes du citron, le sucre cristallisé, puis mélangez et laissez monter en ébullition. Filmez et laissez macérer pendant 12 h. Au bout de ce temps, remettez la confiture sur le feu, et laissez cuire le temps nécessaire en mélangeant continuellement avec une cuillère en bois. Vérifiez la cuisson en versant quelques gouttes sur une assiette froide : la confiture doit figer rapidement. Mettez la confiture en pots et lorsqu'elle est encore bouillante, fermez et retournez les pots pour une meilleure conservation.

Aiguillettes de canard, émincé de chayotes aux chanterelles

PRÉPARATION ET CUISSON : 25 min

INGRÉDIENTS : *3 magrets de canard, 3 chayotes, 350 g de chanterelles, ½ botte de persil, 2 cuill. d'huile de noisette, sel et poivre du moulin*

PRÉPARATION : Nettoyez et épluchez les chayotes en enlevant bien la peau dans les sillons, puis rincez-les abondamment. Cuisez les chayotes entières à la vapeur pendant 20 min environ. Ensuite égouttez-les et coupez-les en deux dans le sens de la longueur. Enlevez la graine et coupez-les en lamelles. Nettoyez les chanterelles et faites-les revenir dans l'huile de noisette jusqu'à évaporation complète de l'eau de végétation. Assaisonnez, ajoutez les chayotes et le persil haché, laissez mijoter 10 min à feu doux. Pendant ce temps, faites cuire les magrets de canard 6 min côté peau et 4 min côté chair. Assaisonnez-les et coupez-les en aiguillettes. Dressez l'émincé de légumes au centre des assiettes avec un emporte-pièce et disposez les aiguillettes tout autour. Servez aussitôt.

LES CHICORÉES
(et autres feuilles)

Cichorium intybus

- Famille des astéracées
- Origine : Méditerranée
- 15 calories pour 100 g
- L'association de la chicorée avec des haricots donne de bons résultats, mais évitez tous les choux !
- Semez en lune décroissante.

Le conseil du jardinier
La chicorée est une espèce très robuste, elle vous fournira des feuilles en toute saison.

HISTOIRE

La chicorée pousse encore à l'état sauvage aux bords des chemins et des fossés, avec ses fleurs d'un bleu vivace réunies en beaux capitules qui s'ouvrent le matin pour se refermer la nuit. La chicorée d'Europe, de Méditerranée et du Moyen-Orient est mentionnée dans les plus anciens textes égyptiens, 4000 ans avant J.-C., comme étant un précieux remède. Sa consommation comme salade daterait du XVIe siècle. C'est une plante herbacée, à feuilles fines ou larges, entières et ondulées, croquante, avec un cœur blanc bordé de jaune. La frisée, ou chicorée frisée, est une salade couramment cultivée, principalement en été et en automne. Lorsque vous coupez une salade, un lait apparaît. Ce suc blanchâtre fut très apprécié pour ses qualités soporifiques. Avant l'apparition du chloroforme, une préparation avec ce lait comme base permettait d'endormir les patients avant une opération chirurgicale.

CULTURE

La chicorée adore un sol frais et humide, mais une terre un peu plus lourde lui convient très bien aussi. Les frisées ont tendance à monter à graines dans un sol froid, donc attendez que le sol se réchauffe pour effectuer vos semis. Semez les pains de sucre au mois d'avril ; en mai, semez les trévises et au mois de juin et juillet les frisées ou les scaroles. Semez d'abord en pépinière, peu profondément (environ 5 mm), puis repiquez les plants lorsqu'ils ont environ 4 feuilles. Un peu plus tard dans la saison, semez directement en lignes espacées de 25 cm, ensuite éclaircissez tous les 20 cm. La levée doit être rapide, 3/4 jours maximum pour un très bon résultat. Les chicorées frisées doivent blanchir au cœur pour éviter l'amertume ; deux solutions sont possibles, soit attacher les feuilles avec un lien en raphia en fin de soirée pour éviter l'humidité, soit poser un sac de jute afin de couvrir 4 ou 5 frisées. Avancez le sac de jute au fur et à mesure de votre consommation.

MALADIES ET PARASITES

On constate très peu de maladies chez la chicorée, en dehors de la sclérotiniose. Évitez d'enfermer l'humidité quand vous faites blanchir les frisées : le cœur pourrit facilement. Attention : les escargots et les limaces sont les principaux ennemis ! Alors prévoyez d'installer des pièges comme des pots de bière ou des cordons de cendre de bois.

PRINCIPALES VARIÉTÉS

La *Fine maraîchère* et la *Fine de Louvier* sont d'excellentes frisées très rustiques. La *Barbe de capucin* ou le *Pain de Sucre* sont des chicorées sauvages. La *Géante maraîchère* et la *Grosse bouclée* sont de bonnes scaroles. Les *Cornettes d'Anjou* ou de *Bordeaux* sont réservées à une récolte automnale. On découvre d'autres chicorées comme les *Trévises rouges*, le *Pourpier* ou le *Pissenlit* appelé aussi « Dent de Lion ».

RÉCOLTE ET CONSERVATION

Les chicorées frisées et les autres feuilles vertes sont récoltées au fil des besoins. En hiver, protégez-les par un paillis ou un tunnel. Le mieux est de les repiquer dans un châssis et de poser les verres en prenant soin de laisser un peu d'air pour éviter la pourriture. Par contre il faut butter les pissenlits pour qu'ils puissent blanchir correctement afin d'éviter un goût amer.

LE + SANTÉ

La chicorée renferme des sels minéraux, des vitamines B, C et K, de la choline, du fer et de l'inuline, qui lui confèrent des propriétés laxative, dépurative, diurétique et hypoglycémiante. À conseiller principalement en cas de digestion difficile. Le pissenlit est un puissant dépuratif. Il abaisse les taux sanguins du cholestérol et de l'urée.

Salade gourmande

PRÉPARATION ET CUISSON : 20 min

INGRÉDIENTS : *6 fonds d'artichaut cuits, 2 bottes d'asperges, 1 salade frisée, 6 tranches de foie gras de canard, 150 g de cerneaux de noix concassés*
Vinaigrette : 2 cuill. de vinaigre de Xérès ou de cidre, 4 cuill. d'huile de noix, 1 cuill. à soupe de cerfeuil haché, sel et poivre

PRÉPARATION : Nettoyez et épluchez les asperges, coupez les pointes et faites-les cuire à la vapeur une dizaine de minutes, puis égouttez-les et laissez-les refroidir. Émincez les fonds d'artichaut assez finement, puis nettoyez et coupez la salade en chiffonnade. Préparez la sauce vinaigrette. Dans un grand saladier, mélangez la salade, les fonds d'artichaut émincés, les pointes d'asperge, les cerneaux de noix. Disposez cette préparation harmonieusement sur les assiettes, nappez de sauce et ajoutez le foie gras coupé en fines lamelles. Servez avec des tranches de pain de campagne grillées. Les corps d'asperge seront cuits à la vapeur 20 min et pourront être employés dans une quiche par exemple ou tout simplement avec une sauce crème.

Salade composée à l'italienne

PRÉPARATION ET CUISSON : 30 min

INGRÉDIENTS : *1 chicorée frisée, 1 chicorée scarole, 350 g de mozzarella, 6 tranches de jambon de Parme, 2 cuill. de moutarde, 5 cuill. d'huile d'olive, 3 cuill. de vinaigre de vin, sel fin, poivre du moulin*

PRÉPARATION : Lavez les feuilles de salade, essorez-les soigneusement. Découpez des tranches de jambon de Parme en fines lanières. Égouttez les petites boules de mozzarella dans une passoire. Dans un bol, mélangez la moutarde à l'ancienne avec le vinaigre, le sel et le poivre, puis versez l'huile d'olive en fouettant l'ensemble. Dans un plat de service, mettez les feuilles de salade, ajoutez le jambon et la mozzarella coupée en dés, arrosez le tout avec la sauce, mélangez et dégustez sans attendre. Un délice avec des tartines de pain de campagne légèrement grillées.

Farfalles à la roquette

PRÉPARATION ET CUISSON : 35 min

INGRÉDIENTS : *350 g de farfalles (pâtes en forme de papillon), 100 g de parmesan, 400 g de roquette, 300 g d'oignons hachés, 4 cuill. d'huile d'olive, 200 g de jambon de Parme, sel fin, poivre du moulin*

PRÉPARATION : Faites cuire les farfalles *al dente* dans une eau bouillante salée. Hachez les oignons et coupez le jambon en bâtonnets. Dans une poêle, faites fondre les oignons 20 min sur feu très doux avec un peu d'huile d'olive, et assaisonnez. Incorporez le jambon de Parme et poursuivez la cuisson 3 min pour que le jambon soit croustillant, puis ajoutez la roquette nettoyée et essorée. Faites cuire 5 min en remuant de temps en temps. Versez alors les pâtes brûlantes dans la poêle, puis mélangez délicatement et parsemez le tout de fins copeaux de parmesan. Servez aussitôt sur des assiettes chaudes.

Salade d'automne

PRÉPARATION ET CUISSON : 25 min

INGRÉDIENTS : *1 salade frisée, 3 magrets de canard, 600 g de haricots verts, 300 g de raisins frais, 100 g de noisettes concassées, 6 tranches de pain de mie - Vinaigrette : 2 cuill. de vinaigre de vin, 5 cuill. d'huile de noisette, baies roses, sel et poivre du moulin*

PRÉPARATION : Nettoyez et coupez la salade en chiffonnade. Équeutez et cuisez les haricots à la vapeur. Dans une poêle, cuisez les magrets de canard 10 min côté peau et 4 min côté chair. Posez-les sur un papier absorbant avant de les couper en aiguillettes. Coupez le pain de mie en triangles que vous ferez revenir dans une poêle avec une noix de beurre. Préparez la sauce vinaigrette. Garnissez les assiettes de salade frisée, haricots et noisettes. Nappez et disposez les tranches de pain et les magrets de canard tièdes autour. Agrémentez le tout de raisins frais préalablement pelés et de baies roses. Servez aussitôt.

LE CHOU

(pomme ou frisé)

Brassica oleracea

- Famille des crucifères
- Origine : Bassin méditerranéen
- 22 calories pour 100 g
- Le chou apprécie la culture des pommes de terre et du céleri.
- La tomate et les haricots évitent les piérides et la mouche du chou.
- Plantez en lune décroissante.

Le conseil du jardinier

Le purin d'ortie est un excellent fortifiant pour tous les choux.

HISTOIRE

Le chou fut très apprécié des Grecs et aussi des Romains, mais il semble ne pas avoir été connu des Hébreux. Au temps des Romains, la demande fut telle que le prix atteignit parfois des sommets. Taillevent, illustre cuisinier du roi Charles VI, prépara de nombreux plats de choux. Mais c'est Catherine de Médicis qui importa de l'Italie vers la France les choux blanc, rouge et vert, à la pomme ferme ou épanouie, dont le célèbre chou de Milan. Certains dirent qu'il protégea du scorbut, c'est pourquoi les marins qui se rendaient en Amérique en consommèrent énormément.

CULTURE

Les choux pommés rouges ou blancs se cultivent pratiquement toute l'année. Quelle que soit la période, le mode de culture reste le même. En février, faites les semis des cabus sous châssis pour une récolte au début de l'été. Quand les plants atteignent 6 feuilles, repiquez-les. Pour une récolte de choux de Milan en automne et hiver, faites le semis en mai. Le chou préfère un sol riche en humus et une humidité constante. Creusez des sillons de 8 cm de profondeur espacés de 50 cm. Repiquez les plants tous les 50 cm puis arrosez-les copieusement. Il est recommandé de bien pailler le sol pour garder une bonne humidité. La durée de culture varie suivant l'espèce mais prévoyez environ 4 mois avant de les consommer.

MALADIES ET PARASITES

La hernie du chou est une affection parasitaire provoquée par des champignons. Le plus grave parasite est la piéride mais il y a aussi l'altise, l'éternel puceron, la noctuelle, la mouche du chou et le ver blanc…

PRINCIPALES VARIÉTÉS

Beaucoup de variétés de choux sont à la disposition des jardiniers : pour les cabus, le *Marché de Copenhague* vert et dur, le *Précoce de Louviers* à pomme pointue pour une récolte au printemps,

le *Quintal d'Alsace* tardif et rustique, avec une pomme énorme, utilisé principalement pour la fabrication de la choucroute… La *Tête de nègre* est le chou rouge foncé par excellence. Le *Gros des vertus* est le plus connu et le plus cultivé, ainsi que le *Milan de Pontoise*, tous les deux rentrant dans la catégorie des choux de Milan.

RÉCOLTE ET CONSERVATION

Quel que soit le chou, consommez-le immédiatement, pour profiter de toute ses vitamines. Sinon coupez les choux en quatre, blanchissez-les 3 min puis laissez-les refroidir. Mettez-les en sachet avant de les congeler. La stérilisation ne présente aucun intérêt pour ce genre de légume. Le chou se conserve en cave, pour cela mettez le trognon dans du sable humide au ras de la pomme.

LE + SANTÉ

Ce légume est très riche en vitamines C, E et A. Le chou contient, comme tous les crucifères, une substance « goitrine », capable de s'opposer à l'action de l'hormone thyroïdienne. Pour une meilleure tolérance digestive, retirez les feuilles extérieures. Cuisez-les quelques minutes à grande eau avec un peu de bicarbonate, à découvert pour éliminer une bonne part des dérivés soufrés volatiles et peu digestes.

RECETTES

Avant toute recette culinaire, préparez le chou. Pour cela, ôtez les feuilles trop abîmées, tranchez le chou en quatre pour ôter le trognon et lavez les feuilles. Faites-le blanchir dans une eau bouillante salée. Portez à ébullition le plus rapidement possible et comptez 6 min à petit bouillon. Rafraîchissez le chou et égouttez-le en pressant au maximum pour extraire l'eau de cuisson. Il ne reste plus qu'à le cuisiner suivant la recette choisie.

LA CHOUCROUTE **Chou râpé et fermenté**

L'origine du mot choucroute vient du terme alsacien Sürkrut. Ce mode de préparation du chou nous vient de Chine, d'où il a été rapporté par Attila et ses Huns, qui auraient découvert sa méthode de conservation par la saumure lorsqu'ils se sont heurtés à la Grande Muraille, dont les ouvriers et les garnisons étaient nourris, dans ces contrées isolées et arides, d'une espèce de chou ainsi fermentée.

Après leur échec chinois, les Huns ont porté leurs conquêtes vers l'ouest, passant par la Norique et la Rhétie (aujourd'hui en Autriche et en Bavière) avant d'atteindre la Germanie supérieure, où se trouvait la future Alsace, en 451. C'est la date probable à laquelle cette préparation du chou est apparue dans cette région.

La préparation du chou consiste à ôter les feuilles abîmées : coupez-le en quatre avant d'enlever le trognon. Râpez chaque morceau de chou avec une râpe très fine, en prenant garde de ne pas vous couper les doigts. Disposez-les ensuite dans un haut tonneau de bois ou de grès par couches de 15 cm environ, en alternant avec des couches de sel, sans dépasser 1 à 2 % du poids de chou. Ajoutez des baies de genièvre et renouvelez l'opération jusqu'en haut du récipient. Une planche de bois ajustée permet de fermer le récipient de manière à isoler le chou de l'air, une pierre posée sur le couvercle pour comprimer le tout. Aujourd'hui, l'industrie utilise des cuves en ciment ou en plastique avec des vérins. Le sel fait dégorger l'eau du chou et cette saumure le protège de l'air. La fermentation anaérobie (c'est-à-dire dépourvue d'air et d'oxygène) transforme les sucres en acide lactique ; sa durée est d'environ 3 à 8 semaines, en fonction de la température.

Le chou perd environ la moitié de sa masse et se concentre principalement en vitamine C et en sels minéraux. Il est peu calorique, soit environ 20 calories pour 100 g. Ensuite il suffit de le laver une ou deux fois, pas plus, pour lui conserver un peu d'acidité. La choucroute se consomme en salade comme crudité, ou cuisinée avec des oignons et mijotée doucement pendant 2 h avec un peu de vin blanc d'Alsace et du bouillon de volaille. Elle est le plus souvent servie avec de la charcuterie et des pommes de terre. Vous pouvez aussi la servir avec des filets de poisson ou tout simplement avec des poissons entiers comme le haddock, la lotte, le saumon…

Chou rouge braisé aux pommes

PRÉPARATION ET CUISSON : 50 min

INGRÉDIENTS : *1 chou rouge, 2 pommes granny-smith, 1 oignon, 1 cuill. de ciboulette, 50 g de beurre, 5 cl vinaigre de vin, 5 cl d'huile d'olive, 1 clou de girofle, laurier, poivre en grains, sel fin*

PRÉPARATION : Nettoyez et émincez le chou en lanières de 1 cm environ. Émincez l'oignon finement et coupez les pommes en dés. Mettez le beurre et l'huile d'olive dans une cocotte, faites revenir les oignons quelques minutes, puis ajoutez le chou rouge, le vinaigre et versez l'eau jusqu'au niveau du chou, avant d'assaisonner correctement et de laisser cuire 15 minutes Ensuite, ajoutez les pommes et la ciboulette ciselée. Remettez à cuire une vingtaine de minutes environ. Servez cette garniture de légumes avec une gigue de sanglier ou un faisan rôti au four.

Soupe au chou parfumée au cantal

PRÉPARATION ET CUISSON : 1 h 20

INGRÉDIENTS : *1 chou blanc, 20 g de beurre, 6 petites pommes de terre, 2 carottes, 1 oignon, 2 gousses d'ail, 150 g de poitrine fumée, 150 g de cantal, sel fin, poivre, thym et baies de genièvre*

PRÉPARATION : Préparez et émincez le chou en lanières de 1 cm environ puis ébouillantez-le 5 min. Coupez finement en bâtonnets les autres légumes ainsi que la poitrine fumée. Dans une cocotte, mettez le beurre à fondre puis ajoutez les légumes sauf le chou, les baies de genièvre et l'assaisonnement. Mouillez avec 2 l d'eau. Laissez cuire à feu moyen 15 min, puis ajoutez le chou et le thym. Remettez sur le feu une quarantaine de minutes. Au dernier moment incorporez les dés de cantal et vérifiez l'assaisonnement. Versez la soupe dans une soupière et dégustez aussitôt : c'est une soupe qui régalera vos amis un soir d'hiver !

Lasagnes de chou au pot-au-feu

PRÉPARATION ET CUISSON : 15 min

INGRÉDIENTS : *1 beau chou frisé, 750 g de viande cuite de pot-au-feu, 2 oignons, 2 gousses d'ail, ½ botte de persil, 2 œufs 800 g de tomates fraîches, 15 cl de crème fraîche, 100 g de fromage râpé, sel, poivre du moulin*

PRÉPARATION : Préchauffez le four sur th. 6. Ôtez les feuilles une à une du chou et faites-les cuire 4 min dans l'eau bouillante salée. Égouttez-les sur un papier absorbant. Hachez finement la viande, les oignons, l'ail, le persil puis mélangez l'ensemble avec les œufs et l'assaisonnement. Hachez les tomates pour réaliser un concassé.

Faites le montage dans un plat à gratin : pour cela, mettez une couche de chou frisé, une couche de viande, un peu de tomate concassée. Renouvelez l'opération une fois et finissez par une couche de crème fraîche. Saupoudrez de fromage râpé et enfournez pendant 40 min environ. Servez aussitôt avec une salade de mâches parfumée à l'huile d'olive.

Salade de chou au yaourt

PRÉPARATION ET CUISSON : 15 min
et 2 h de macération

INGRÉDIENTS : *½ chou pommé, 2 carottes, 1 oignon doux, 2 pommes, 50 g de noix, jus d'1 citron, 100 g de raisins secs, 2 yaourts nature, sel fin, poivre du moulin*

PRÉPARATION : Râpez les pommes, le chou et les carottes. Hachez l'oignon, puis mélangez le tout. Ajoutez le jus de citron, les noix et les raisins secs. Dans un bol, mettez le yaourt et l'assaisonnement. Versez cette sauce dans le saladier de légumes. Recouvrez le saladier avec un film alimentaire et laissez macérer 2 h. Servez frais.

Dôme de choucroute aux petits légumes et aux gambas

PRÉPARATION ET CUISSON : 35 min

INGRÉDIENTS : *800 g de choucroute cuisinée, 18 gambas, 150 g de lardons, 1 oignon, 1 gousse d'ail, 1 carotte, 1 poivron rouge, 2 courgettes, ½ citron confit, thym, laurier, 2 cuill. d'huile d'olive, 50 cl de bouillon de volaille, un peu de coriandre fraîche, sel et poivre du moulin*

PRÉPARATION : Taillez en petits dés la carotte, le poivron, les courgettes et le demi-citron confit. Émincez finement l'oignon et l'ail. Dans une cocotte, faites revenir les oignons et l'ail dans un peu d'huile d'olive jusqu'à ce qu'ils deviennent translucides. Ajoutez les lardons fumés, le thym et le laurier. Incorporez les légumes taillés et laissez cuire 5 min. Versez le bouillon de volaille et mettez en dernier la choucroute. Assaisonnez et laissez mijoter 10 min. Pendant ce temps, faites revenir les gambas dans une poêle avec un peu d'huile d'olive, assaisonnez correctement. Décortiquez-les et réservez au chaud. Disposez la garniture de chou et légumes en dôme sur des assiettes et posez les gambas dessus. Servez chaud avec un brin de coriandre fraîche.

Tourte feuilletée de choucroute au saumon frais

PRÉPARATION ET CUISSON : 45 min

INGRÉDIENTS : *400 g de choucroute cuite, 400 g de pâte feuilletée, 150 g de petits pois, 300 g de filet de saumon, 150 g de crevettes décortiquées, 1 œuf, 20 g de beurre, 1 jus de citron, sel, poivre*

PRÉPARATION : Faites cuire les petits pois écossés à la vapeur pendant 3 min. Coupez le saumon en fines lamelles, badigeonnez-le de jus de citron. Étalez la pâte feuilletée en 2 abaisses, une plus petite que l'autre. Foncez la plus grande dans un moule à tarte et piquez le fond. Préchauffez le four sur th. 7. Disposez la choucroute, le saumon, les crevettes et les petits pois en répartissant bien les couleurs, ce qui donnera une belle apparence à la coupe. Assaisonnez et recouvrez avec l'autre abaisse en pinçant les bords correctement. À l'aide d'un pinceau, dorez le dessus avec l'œuf battu. Dessinez des rayures avec la pointe d'un couteau. Pensez à faire une petite cheminée en papier d'aluminium ou carton pour éliminer la vapeur. Laissez reposer la tourte 30 min à température ambiante, puis enfournez-la pendant 35 min. Servez la tourte chaude avec une salade de saison.

LE CHOU DE BRUXELLES

Brassica capitata polycephalos

- Famille des crucifères
- Variété de chou développée en Belgique
- 25 calories pour 100 g
- Surtout, ne pas cultiver le chou de Bruxelles auprès de plants de fraisiers !
- Semez en lune décroissante.

Le conseil du jardinier

Pour éloigner les nombreux parasites, cultivez des herbes aromatiques autour des choux de Bruxelles, c'est une façon écologique pour s'en débarrasser.

HISTOIRE

Les choux sont certainement les légumes les plus vieux d'Europe. Ils poussent à l'état sauvage, sur les bords de la Méditerranée, depuis plusieurs milliers d'années. Au fil des siècles, le chou a donné naissance à de multiples variétés, dont le chou de Bruxelles. Après la construction de la seconde enceinte de Bruxelles au XIVᵉ siècle, la culture maraîchère à destination de cette ville s'était développée avec de grandes proportions dans l'actuelle commune de Saint-Gilles, ville limitrophe. Le chou de Bruxelles a beau être le plus mystérieux quant à ses origines, il semble que ce soit vers le milieu du XVIIᵉ siècle que les

Saint-Gillois créèrent un chou à culture verticale pour occuper moins d'espace. On ne connaît rien d'autre de ce chou, sauf qu'il s'agit de petits bourgeons pommés qui poussent sur le pied en rangs assez serrés. Très savoureux, le chou de Bruxelles résiste au grand froid. Les anciens disaient qu'il fallait attendre les premières gelées pour commencer à les récolter.

CULTURE

Faites le semis au mois de mai, recouvrez les graines légèrement et tassez le sol avec le dos du râteau. Arrosez copieusement. La levée reste longue malgré tout, donc maintenez le sol humide. Quand les plants atteignent 4 feuilles, repiquez-les dans le potager, de préférence dans un sol léger et à mi-ombre de façon à garder une certaine fraîcheur. Respectez impérativement, pour un bon développement des plantes, un espace de 60 cm en tous sens. Trempez les racines dans une bouillie de terre et de terreau appelée « pralin » pour une meilleure reprise. Contrairement aux cucurbitacées, vous pouvez arroser le feuillage pour éviter que les parasites attaquent les choux de Bruxelles. En automne, buttez les plants pour ne pas qu'ils se couchent avec le vent d'hiver, ou plantez un piquet à chaque extrémité avec une ficelle tendue puis attachez vos plants. Pincez la tête des choux en septembre pour obtenir un meilleur développement des pommes.

MALADIES ET PARASITES

La hernie du chou est un champignon qui entraîne la perte de la plante. Attention également à la piéride, à l'altise, à la rouille, au mildiou et bien sûr à l'alternariose. Afin d'éloigner certains parasites, plantez des aromatiques à proximité comme l'absinthe, l'aneth, la mélisse, la menthe, le romarin, la sauge, le thym.

PRINCIPALES VARIÉTÉS

Le chou de Bruxelles est le plus souvent vert foncé, mais quelques variétés sont violettes ou rouges, tout aussi gustatives mais moins productives. Le *Jade Cross* est une variété très connue et très productive. Le *Sanda* est une espèce à petites pommes très dures et très résistante au froid. Le *Rubine* est une variété rouge que vous récolterez à l'automne. Le *Nain Long Island*, la plus ancienne des variétés, est l'idéal pour une récolte d'hiver.

RÉCOLTE ET CONSERVATION

Chaque plant de choux de Bruxelles donne 20 à 75 petits choux, que l'on récolte en partant du bas de la tige, et en remontant au fur et à mesure qu'ils arrivent à maturité. Sectionnez les trognons au ras de la pomme. Lavez-les à l'eau vinaigrée et blanchissez les pommes 3 min, puis égouttez-les. Congelez les choux en une seule couche sur une plaque puis rangez-les dans des sacs hermétiques pour une durée maximum de 10 mois. La stérilisation consiste à ranger les choux en bocaux ; couvrez d'eau avec 10 g de sel par litre, ensuite stérilisez 1 h 45.

LE + SANTÉ

Le chou de Bruxelles est très riche en vitamine C, en potassium et en fer. Il contient également de la vitamine B6 et du magnésium. Pratiquez comme pour les autres choux : cuisez-les pour ôter cette molécule soufrée, responsable de ce goût et de cette odeur caractéristiques. Néanmoins, ce procédé a l'inconvénient d'éliminer une partie des vitamines et des sels minéraux. Pour conserver toutes les vertus diététiques du chou de Bruxelles, préférez une cuisson à la vapeur ou à l'étouffée, avec très peu de liquide. Plusieurs études démontrent que la culture du chou sans produit phytosanitaire serait plus digeste, avec un goût plus agréable. Faisons tous l'expérience !

Crumble de choux de Bruxelles

PRÉPARATION ET CUISSON : 45 min

INGRÉDIENTS : *1 kg de choux de Bruxelles, 200 g de jambon de Parme, 200 g de tomme de Savoie, 150 g de farine, 150 g de poudre de noisette, 100 g de beurre mou, 3 cuill. d'huile d'olive, sel, poivre*

PRÉPARATION : Émincez le jambon et coupez le fromage en dés. Coupez légèrement le trognon et ôtez les feuilles abîmées. Blanchissez-les 20 min dans de l'eau bouillante salée. Laissez-les tiédir. Préchauffez le four sur th. 6. Dans un saladier, mélangez la farine, la poudre de noisette et l 'assaisonnement. Ajoutez le beurre mou et l'huile jusqu'à l'obtention d'une pâte à crumble. Dans un autre saladier, mélangez les choux de Bruxelles coupés en quartiers avec le jambon et la tomme de Savoie. Versez l'ensemble dans un plat à gratin et parsemez de pâte à crumble. Enfournez pendant 20 min et servez aussitôt avec une salade de mâches.

Gratin de Bruxelles au fromage de chèvre et au bacon

PRÉPARATION ET CUISSON : 50 min

INGRÉDIENTS : *800 g de choux de Bruxelles, 12 tranches de bacon, 60 g d'amandes effilées, 2 cuill. de fécule de maïs, 30 cl de lait, 150 g de fromage de chèvre frais, 20 g de beurre, sel fin, poivre du moulin*

PRÉPARATION : Éliminez les trognons des choux de Bruxelles, puis cuisez-les 12 min dans une eau salée à découvert pour qu'ils restent bien verts. Préchauffez le four sur th. 7. Mélangez à froid la fécule de maïs avec le lait, puis portez à ébullition en fouettant énergiquement. Laissez refroidir quelques minutes puis mixez la sauce avec le fromage de chèvre. Poivrez seulement. Beurrez un plat allant au four, mettez les choux de Bruxelles, intercalez les tranches de bacon et nappez de sauce. Éparpillez les amandes effilées puis enfournez pendant 25 min environ. Pour éviter une trop forte coloration, posez un papier aluminium à mi-cuisson. Servez ce plat complet le soir accompagné d'une salade de mâches.

Purée à la flamande

PRÉPARATION ET CUISSON : 35 min

INGRÉDIENTS : *800 g de choux de Bruxelles, 350 g de pommes de terre, 75 g de beurre, sel fin, poivre du moulin*

PRÉPARATION : Cuisez les choux de Bruxelles dans une eau bouillante ; au bout de 5 min de cuisson, ajoutez les pommes de terre et laissez cuire 15 min. Ensuite, passez l'ensemble au moulin à légumes. Mélangez la purée en incorporant le beurre frais. Vérifiez l'assaisonnement et servez dans un légumier accompagné d'une viande blanche.

Choux de Bruxelles au paprika

PRÉPARATION ET CUISSON : 15 min

INGRÉDIENTS : *1 kg de choux de Bruxelles, ½ l de crème fraîche, 3 cuill. à café de paprika, 50 g de beurre, 1 cuill. de ciboulette, sel fin, poivre du moulin*

PRÉPARATION : Préparez et cuisez les choux de Bruxelles 10 min à la vapeur. Dans une sauteuse, faites fondre le beurre puis ajoutez les petits choux, le paprika, la ciboulette ciselée, l'assaisonnement et enfin la crème fraîche. Laissez réduire d'un tiers sur feu doux. Dressez les choux dans un plat de service et nappez avec la sauce au paprika. Servez aussitôt avec des cuisses de poulet rôties au four.

LE CHOU-FLEUR & LE BROCOLI

Brassica oleracea / italica

- Famille des crucifères
- Origine : Littoral méditerranéen
- 25 calories pour 100 g
- Cultivez-les auprès des pommes de terre ou des épinards.
- Semez en lune décroissante.

Le conseil du jardinier

Les pieds dans l'eau et la tête au soleil sont les deux exigences pour récolter de beaux choux-fleurs.

HISTOIRE

Le point commun est constitué de la partie comestible, l'inflorescence. L'un et l'autre peuvent avoir des formes et des couleurs différentes. À l'origine, le chou-fleur poussait en Chine, et n'était guère plus gros qu'une boule de billard. Très apprécié par les Grecs et les Romains, il tombe dans l'oubli avant que le jardinier de Louis XIV, La Quintinie, le remette à la mode. Ensuite, c'est Louis XV qui lui donne ses lettres de noblesse. Le roi étant très gourmand de ce légume, plusieurs recettes lui furent réalisées lui, souvent sous l'appellation « à la du Barry », pour rendre hommage à une de ses plus célèbres favorites.

Le nom du brocoli vient de l'italien *brocco* qui signifie « pousse ». Il fut en effet très tôt populaire en Italie. C'était l'un des légumes les plus appréciés des Romains, qui le cuisinaient à l'huile d'olive avec du vin blanc et de l'ail. En France, le brocoli a été introduit par Catherine de Médicis, épouse du roi Henri II, au XVIe siècle.

CULTURE

Ces choux adorent un climat frais, un sol riche et une fumure abondante. Ils redoutent la sécheresse et les grosses chaleurs. Vous pouvez faire vos semis, mais mieux vaut privilégier l'achat des plants dans une jardinerie, car il est rare de cultiver plus de 10 pieds de chaque à la fois. Les plantations se font la mi-avril pour une récolte estivale et fin juin pour une récolte fin septembre. Plantez les choux en respectant un espace de 60 cm en tous sens. Arrosez copieusement pendant toute la culture, environ 3 fois par semaine. Afin de garder une couleur bien blanche au chou-fleur, protégez la pomme des rayons du soleil en cassant la nervure des feuilles extérieures et en la rabattant sur les choux. Récoltez les pommes bien blanches et bien serrées.

Cultivez de la même façon les choux brocolis. Récoltez leurs boutons floraux, également bien serrés. Laissez les pieds en terre car une deuxième récolte est souvent possible, contrairement au chou-fleur, à condition de bien arroser. Par contre, les boutons seront plus petits, mais délicieux.

MALADIES ET PARASITES

Les maladies et les traitements écologiques sont les mêmes que chez les autres choux. Le mildiou est la principale maladie des choux-fleurs et brocolis ; elle se déclare par temps froid et humide et principalement sur les jeunes plants. Pourquoi ne pas planter des œillets d'Inde parmi les choux ? L'odeur forte de cette plante incommode en effet la piéride, qui a l'odorat sensible. N'effarouchez pas non plus les mésanges, car elles raffolent de ces chenilles. Utilisez exclusivement des produits permettant de respecter la nature et les insectes utiles au jardin, comme la coccinelle ou le perce-oreille par exemple.

PRINCIPALES VARIÉTÉS

On compte plusieurs variétés de choux-fleurs faciles à entretenir : la *Merveille de toute saison*, classique, de valeur sûre, à grosse pomme blanche ; le *White Excel*, précoce, à la pomme énorme pouvant atteindre 1 kg, de culture idéale au nord de la Loire.

Plusieurs variétés de brocoli sont sur le marché : le *Minaret* reste le meilleur pour une récolte d'automne, tandis que l'*Early Green* est très précoce avec de nombreux rejets. Le *Shogun*, à la pomme d'un bleu-vert compact, est très fin de goût et fait le délice des amateurs.

RÉCOLTE ET CONSERVATION

Nettoyez les choux-fleurs et détachez les bouquets. Blanchissez-les 2 min dans l'eau salée. Rangez-les en bocaux puis couvrez d'eau avec 10 g de sel au litre. Stérilisez 1 h 30. Pour la congélation, séchez bien les bouquets, congelez-les en une seule couche, puis ensachez-les. Le brocoli se congèle aussi très bien, après avoir été blanchi 5 min à l'eau bouillante.

LE + SANTÉ

Le chou-fleur renferme des oligo-éléments et des minéraux en abondance. Ne le faites pas trop cuire : cela donne naissance à une substance soufrée peu digeste. Le brocoli est le plus digeste des choux. On conseille de le cuire à la vapeur, car il garde ainsi sa saveur et ses qualités nutritionnelles. Le chou est riche en vitamines C et E, mais il est aussi gorgé de fibres, de minéraux et de calcium essentiels au renouvellement des cellules.

Taboulé de chou-fleur à la menthe

PRÉPARATION ET CUISSON : 15 min

INGRÉDIENTS : *1 chou-fleur de 1 kg, 1 kg de moules de bouchot, 24 crevettes décortiquées, 10 cl de vin blanc, 300 g de chair de crabe, 3 échalotes, 1 poivron vert, 1 tomate, 1 jus de citron, 6 cuill. d'huile d'olive, menthe et coriandre fraîche, sel fin, poivre du moulin*

PRÉPARATION : Épluchez et lavez le chou-fleur puis râpez-le afin d'obtenir une forme de semoule. Mettez cette semoule dans une passoire et faites-la cuire 50 secondes à l'eau bouillante salée. Grattez et lavez les moules puis faites-les ouvrir avec le vin blanc ; il ne restera plus qu'à les décortiquer. Dans un saladier, mélangez les moules avec les miettes de crabe et les crevettes. Ciselez les échalotes, concassez la tomate et hachez finement le poivron. Il ne reste plus qu'à mélanger ces légumes à la semoule de chou-fleur. Ajoutez la menthe et la coriandre hachées. Incorporez les fruits de mer, le jus de citron et l'huile d'olive sans oublier l'assaisonnement. Mélangez l'ensemble afin de bien amalgamer les parfums. Servez ce taboulé original bien frais.

Soufflé de brocolis

PRÉPARATION ET CUISSON : 1 h

INGRÉDIENTS : *750 g de brocolis, 3 cuill. de farine, 200 g de gruyère râpé, 8 œufs entiers, 50 cl de crème fraîche, sel fin, poivre du moulin*

PRÉPARATION : Faites cuire les brocolis pendant 15 min dans de l'eau bouillante salée. Égouttez-les et écrasez-les avec une fourchette. Dans un saladier, mélangez la farine avec les jaunes d'œuf et la crème liquide. Salez et poivrez. Incorporez les brocolis et le fromage râpé. Battez les blancs en neige et incorporez-les délicatement au mélange précédent. Mettez dans un moule à soufflé bien beurré et faites cuire au bain-marie pendant 30 min dans un four chaud à th. 7. Servez avec une salade de saison.

Fondu de choux au mont d'or

PRÉPARATION ET CUISSON : 1 h

INGRÉDIENTS : *3 petits monts d'or, 15 cl de vin du Jura, 24 choux de Bruxelles, 500 g de chou-fleur, 500 g de brocolis 500 g de romanesco, 12 tranches de jambon de Bayonne, sel fin, poivre, cornichons*

PRÉPARATION : Cuisez les choux à la vapeur, 15 min pour les choux de Bruxelles, 10 min pour le chou-fleur, 5 min pour le chou brocoli et le chou romanesco. Entaillez les fromages sans ôter la boîte versez 5 cl de vin dans chaque. Mettez au four 25 min sur th. 6. Sortez les fromages du four, puis chaque convive pique un légume et le trempe dans le fromage. Dégustez avec le jambon de Bayonne et des cornichons.

Gratin de chou-fleur sauce picarde

PRÉPARATION ET CUISSON : 30 min

INGRÉDIENTS : *1 gros chou-fleur, 120 g de beurre, 50 g de chapelure, 750 g d'oignons, 5 cl de vinaigre de vin, 60 g de farine, 75 cl de lait, 15 cl de crème fraîche, 1 pincée de sucre, sel fin, poivre du moulin*

PRÉPARATION : Faites cuire le chou-fleur 10 min à la vapeur. Détaillez les bouquets et mettez-les dans un plat à gratin. Émincez les oignons et blanchissez-les 4 min puis égouttez-les. Mettez-les dans une casserole avec un peu de beurre fondu, le vinaigre, l'assaisonnement, le sucre, puis posez un couvercle et laissez étuver 30 min. Les oignons ne doivent pas colorer. Préparez une béchamel épaisse avec le lait et le roux, puis faites cuire 5 min en remuant en continu. Ajoutez la compote d'oignons et laissez cuire 10 min. Versez la sauce sur le chou-fleur et faites gratiner 10 min à four chaud sur th. 8. Servez avec une viande blanche ou une volaille.

LE CONCOMBRE

Cucumis sativus

- Famille des cucurbitacées
- Origine : Inde
- 12 calories pour 100 g
- Évitez de le cultiver auprès des plants de tomates. Plantez du basilic contre l'oïdium et des capucines pour repousser les pucerons noirs.
- Semez en lune croissante.

Le conseil du jardinier

Je vous communique ma technique avant de planter les concombres : j'enfonce 2 piquets à chaque bout du terrain et je fixe un grillage à grosses mailles bien tendu. Ce système de culture à la verticale permettra aux vrilles du concombre de s'accrocher aux mailles. Vous aurez ainsi une récolte propre et surtout un gain de place dans votre jardin.

HISTOIRE

Cette cucurbitacée beaucoup moins connue que les autres espèces poussait naturellement en Inde. Mentionné dans les légendes bouddhistes, le concombre poussait à l'état sauvage il y a quelques 3 000 ans avant J.-C. au pied de l'Himalaya. Il s'agit d'une plante herbacée annuelle, à tiges rampantes ou grimpantes, et munies de vrilles. Charlemagne la fit connaître en exigeant sa culture sur ses terres, mais c'est grâce à Jean Baptiste de La Quintinie, agronome de Louis XIV, que le concombre fut cultivé sous abri la première fois. Louis XIV en dégustait la chair crue et croquante les premiers jours de printemps. Depuis une dizaine d'années le concombre se prépare cuit pour accompagner les viandes et les poissons.

CULTURE

Dans des petits pots remplis de terreau frais et humide, semez 4 à 5 graines vers la mi-avril. Quelques jours après la levée, éliminez les plants les plus faibles pour n'en garder que 2 par pot. Vers la fin mai, repiquez les pieds de concombres en pleine terre dans un sol riche en humus. Pour cela, faites un trou de 20 cm de profondeur, mettez un peu de terreau mélangé avec du compost puis plantez en respectant un espace de 60 cm en tous sens. Une fois les concombres en place, arrosez-les généreusement. Cette plante d'origine asiatique aime la chaleur: en dessous de 10 °C sa végétation s'arrête. Tout au long de la saison, un arrosage fréquent est nécessaire, sans tremper le sol ni mouiller le feuillage. Étêtez chaque plant au-dessus de la deuxième ou troisième feuille pour activer la fructification.

MALADIES ET PARASITES

Les mollusques adorent les plants de concombres, alors faites attention: ils peuvent tout dévorer en une nuit. La rouille et le mildiou risquent aussi d'attaquer vos plants. Surtout, n'arrosez pas le feuillage, au risque de faire progresser la maladie.

PRINCIPALES VARIÉTÉS

Diverses variétés de concombres se trouvent sur le marché. Le *Vert et Long* a un rendement intéressant, le *Marketer* est classique et productif. Il existe aussi des variétés de concombres à peau jaune ou blanche, telles que le *Blanc de Paris* digeste et doux, le *Jaune lemon* de la couleur d'un citron, et le *Concombre de Russie*, petit fruit ovale, lisse, à chair très fine.

RÉCOLTE ET CONSERVATION

Ne laissez pas trop mûrir et grossir les concombres: ils seraient pleins de graines et deviendraient amer. Ils ne se conservent que quelques jours au froid; par définition, ce sont des produits de saison, qui ne supportent pas la congélation et encore moins la stérilisation.

LE + SANTÉ

Le concombre était traditionnellement utilisé par les femmes égyptiennes et indiennes pour hydrater leur peau, et dorénavant par les femmes et hommes d'aujourd'hui. La recette est simple: elle consiste à appliquer sur l'épiderme du visage de fines tranches de concombre. De nombreux produits cosmétiques contiennent d'ailleurs des extraits de concombre. Pour une bonne digestion, mieux vaut ne pas les éplucher mais par contre retirer impérativement les pépins.

Verrines de concombre au basilic

PRÉPARATION ET CUISSON: 20 min + 2 h au frais

INGRÉDIENTS: *2 concombres, 2 tomates, 2 poivrons (jaune et vert), ½ botte de ciboulette, 50 g de pignons de pin, 6 feuilles de basilic frais, 3 cuill. de vinaigre de Xérès, 4 cuill. d'huile d'olive, 100 g de raisins secs, sel et poivre du moulin*

PRÉPARATION: Mondez et épépinez les légumes, puis détaillez la chair des tomates en petits cubes. Préparez les concombres puis détaillez-les finement. Hachez aussi finement les poivrons et les fines herbes. Faites dorer les pignons dans une poêle sans matière grasse pendant quelques minutes pour leur donner une belle couleur. Laissez-les refroidir. Dans un saladier, mélangez les légumes avec les raisins, les pignons et les fines herbes. Dans le bol du mixeur, mixez les feuilles de basilic avec le vinaigre, l'huile d'olive et l'assaisonnement. Mélangez ce coulis de basilic à la première préparation. Vérifiez l'assaisonnement puis laissez au froid pendant 2 Au moment de servir, répartissez la préparation dans des verrines et décorez de quelques rondelles d'agrumes.

Tronçons de concombre au pot-au-feu

PRÉPARATION ET CUISSON : 45 min

INGRÉDIENTS : *3 concombres, 250 g de viande de pot-au-feu, 2 cuill. de persil haché, 100 g d'oignon, 2 gousses d'ail, 10 cl de vin blanc, 1 œuf entier, sel fin, poivre du moulin, 1 pincée de quatre-épices*

PRÉPARATION : Coupez les concombres en tronçons de 5 cm de longueur. Creusez-les avec une cuillère à pomme parisienne ou à défaut avec une cuillère à café en prenant soin de ne pas percer le fond. Blanchissez-les 6 min puis refroidissez-les rapidement. Préchauffez le four sur th. 6. Mixez la viande avec le persil, l'oignon, l'ail. Mélangez l'ensemble avec le vin blanc, l'œuf entier et l'assaisonnement. Une fois le mélange fait, garnissez les tronçons de concombre avec une poche munie d'une grosse douille unie. Placez-les dans un plat à gratin, enfournez et laissez cuire 30 min à four moyen. Prévoyez de poser un papier sulfurisé en cours de cuisson. Servez chaud avec quelques pommes de terre vapeur et une salade de laitue à l'huile d'olive.

Salade de concombres à la crétoise

PRÉPARATION ET CUISSON : 15 min

INGRÉDIENTS : *3 concombres, 1 yaourt bulgare, 15 cl de crème fraîche, ½ jus de citron, 2 cl d'huile d'olive, 80 g d'olives noires, 100 g de tomme fraîche, 3 feuilles de menthe, gros sel, poivre blanc*

PRÉPARATION : Pelez et émincez les concombres. Mettez-les dans une passoire et faites-les dégorger au gros sel. Au bout d'une heure, rincez-les avant de les essuyer sur un papier absorbant. Coupez le fromage en petits dés. Dans une jatte, versez le yaourt, la crème fraîche, l'huile d'olive, le jus de citron et le poivre blanc. Fouettez cette sauce et nappez-en les concombres. Incorporez les dés de fromage, les olives noires coupées puis saupoudrez l'ensemble de menthe ciselée. Dégustez bien frais.

Concombres marinés au vinaigre de miel

PRÉPARATION ET CUISSON : 10 min
+ 3 semaines de macération

INGRÉDIENTS : 500 g de concombres, 2 gousses d'ail, 2 brins de romarin, 30 cl de vinaigre de cidre, 2 cuill. de miel, ½ cuill. de coriandre en grains, gros sel, poivre du moulin

Préparation : La veille, lavez et essuyez les concombres, puis coupez-les en quartiers. Dégorgez-les au gros sel. Le lendemain, rincez et essuyez les quartiers de concombre sur un papier absorbant. Rangez-les dans un bocal. Dans une casserole, mélangez le vinaigre de cidre avec le miel, la coriandre, le romarin et l'ail émincé. Portez l'ensemble à ébullition quelques minutes, puis versez sur les concombres. Fermez hermétiquement et attendez 3 semaines avant de déguster.

LA COURGETTE

Cucurbita pepo

- Famille des cucurbitacées
- Origine : Amérique centrale
- 14 calories pour 100 g
- La courgette apprécie le voisinage du chou et des haricots à rames.
- Les capucines et les œillets d'Inde sont bénéfiques contre les pucerons.
- Semez en lune décroissante.

Le conseil du jardinier

Je ramasse les fleurs de courgettes mâles qui n'ont pas de renflement à la base, donc non productives pour être cuisinées en beignets.

HISTOIRE

Environ 10 000 ans avant notre ère, des courges sauvages, ancêtres de la courgette, étaient consommées par les nomades d'Amérique centrale entre le Mexique et le Guatemala. Au XVIe siècle, les conquistadores découvrirent rapidement plusieurs variétés. Deux siècles plus tard, les Italiens, contrairement aux Français, commencent à découvrir la courge dans leurs assiettes. La courge dite à moelle est devenue la préférée des Européens. Elle était cueillie avant sa pleine maturité pour en faire la courgette que l'on mange aujourd'hui. C'est en 1929 que le nom « courgette » apparaît en France; auparavant, ce légume y était appelé « courge d'Italie ». Les courges sont cultivées pour leurs fruits comestibles, pour leurs fleurs et parfois leurs graines. La courgette accompagne de nombreux plats, dont la ratatouille, mais c'est par l'apport des traditions culinaires du Proche-Orient et d'Afrique du Nord que l'on apprendra à la déguster autrement que farcie. La fleur est aussi consommée, surtout en beignets, dans la région niçoise ainsi qu'en Italie.

CULTURE

En début de saison, semez 2 ou 3 graines dans des pots à l'abri avec une température avoisinant 18/20 °C. Après la levée, gardez un seul pied par pot, bien sûr le plus fort. Quand les plants atteignent 4 feuilles, mettez-les en place dans un sol léger et bien ensoleillé. Pour cela, faites des trous espacés de 1 m en tous sens. Apportez un peu de terreau, puis repiquez les plants en prévoyant une cuvette autour du pied pour un arrosage vers les racines. Attention de ne jamais mouiller les feuilles, qui sont porteuses de maladies. N'hésitez pas à pailler vos plants, car cela permet de garder une terre fraîche; de plus, les fruits posés sur le paillage sont également protégés contre une éventuelle pourriture. En pleine saison, semez les graines directement en place en en enterrant 3 à 2 cm de profondeur, toujours espacées de 1 m. Après la levée, gardez le pied qui paraît être le plus fort. Semez les graines tous les 20 jours de façon à toujours récolter sans avoir ni d'excès ni de manque. Attention aux taches blanches: l'oïdium attaque!

MALADIES ET PARASITES

La courgette est relativement sensible à l'anthracnose et à l'oïdium. Cette maladie filtre l'énergie solaire et peut faire mourir la plante. Il faut impérativement supprimer les feuilles malades pour éviter sa propagation. Pulvérisez du soufre liquide additionné d'eau en préventif et au début de l'attaque. Attention aux limaces: elles sont extrêmement gourmandes du feuillage. Installez des assiettes ou des pots de bière, un breuvage auquel les gastéropodes ne résistent pas. Un cordon de cendre de bois ou de sciure de bois empêche aussi les limaces et autres gastéropodes de pénétrer dans l'enceinte des courgettes.

PRINCIPALES VARIÉTÉS

Les espèces et les couleurs sont variées: vertes, blanches et jaunes, rondes ou longues. La *Verte des marchés*, extra longue, vert foncé avec des reflets crème, et la *Black Jack*, longue, vert foncé et très savoureuse, sont celles que j'affectionne le plus. La Ronde de Nice, verte et gris clair, est idéale pour la farce. La *Paleface*, longue, blanche et sucrée, est quant à elle parfaite pour être mangée crue. La *Goldrush*, courgette cylindrique jaune, est aussi très appréciée. La *Trompette* et le *Trésor du Var*, d'un vert très clair, sont enfin des variétés recherchées pour leur fleur jaune bien allongée et facile à cuisiner.

RÉCOLTE ET CONSERVATION

Récoltez de préférence les courgettes avant leur complète maturité. Les grosses courgettes, souvent cachées et que l'on oublie facilement, sont cotonneuses et pleines de graines. La courgette ne se conserve que quelques jours dans le bac à légumes du réfrigérateur. Elle se congèle facilement et le résultat est beaucoup plus satisfaisant que la stérilisation qu'il faut absolument bannir. Coupez les fruits en rondelles et blanchissez-les 3 min. Ensuite, congelez-les par couches sur un plateau avant de les ensacher.

LE + SANTÉ

C'est un légume particulièrement rafraîchissant et hydratant, composé de 95 % d'eau et possédant une haute densité minérale. La courgette est peu calorique, ce qui est excellent pour les régimes à condition de la cuisiner à la vapeur. Ses fibres assez abondantes sont très bien tolérées par les intestins sensibles, à condition de choisir des courgettes jeunes et sans pépins. La teneur de ce légume en vitamines C et A est aussi excellente.

Courgettes rondes farcies façon moussaka

PRÉPARATION ET CUISSON : 40 min

INGRÉDIENTS : *6 courgettes rondes, 4 cuill. d'huile d'olive, 2 oignons, 300 g d'épaule d'agneau, 1 gousse d'ail, 2 tomates, 1 citron, ½ bouquet de coriandre, 50 g de fromage de brebis, 15 cl de bouillon de viande, 1 pointe de curry, sel et poivre du moulin*

PRÉPARATION : Coupez les courgettes rondes de Nice en deux. Évidez-les grossièrement sans percer la coque et coupez la chair en dés. Faites-la revenir dans une poêle avec un peu d'huile d'olive pendant 6/7 min pour éliminer l'eau de végétation. Préchauffez le four sur th. 7. Mixez la viande d'agneau avec les oignons, l'ail, les tomates et la coriandre fraîche. Dans un poêlon, faites cuire cette farce dans un peu d'huile d'olive pendant une dizaine de minutes, assaisonnez et ajoutez le jus de citron avec quelques zestes. Assaisonnez l'intérieur des courgettes et posez-les dans un plat allant au four. Garnissez-les de farce, saupoudrez de fromage de brebis râpé et versez le bouillon au fond du plat. Enfournez pendant 30 min environ. Servez sur des assiettes chaudes accompagnées d'une salade frisée agrémentée de quelques croûtons légèrement aillés.

Flan de courgettes parfumé à la muscade et au saint-nectaire

PRÉPARATION ET CUISSON : 45 min

INGRÉDIENTS : *3 courgettes, 6 œufs, 2 oignons, 2 gousses d'ail, ¼ de botte de persil plat, 200 g de fromage saint-nectaire, ¼ l de lait, 20 g de beurre, QS de muscade râpée, sel, poivre et fleur de thym*

PRÉPARATION : Épluchez et émincez les oignons et l'ail. Coupez les courgettes en rondelles pas trop épaisses. Beurrez et farinez un moule à manqué. Préchauffez le four sur th. 6. Dans une poêle, faites fondre une noix de beurre pour faire revenir l'ail et les oignons. Au bout de 5 min, ajoutez les courgettes. Laissez l'eau de végétation s'évaporer. Faites chauffer le lait avec la muscade, et laissez infuser 5 min.

Fouettez avec les œufs dans un saladier puis versez le lait chaud et assaisonnez correctement. Mettez les légumes dans le moule beurré puis versez l'appareil dessus. Posez les tranches de fromage et la fleur de thym. Enfournez et laissez cuire 30 min. Servez bien chaud avec une salade d'endives parfumée à l'huile de noix.

Beignets de fleur de courgette

PRÉPARATION ET CUISSON : 15 min + 20 min de repos

INGRÉDIENTS : *150 g de farine, 2 œufs entiers, 25 cl de lait, ¼ d'une botte de persil, 1 gousse d'ail, 1 cuill. d'huile d'olive, 24 fleurs de courgette, QS d'huile pour la friture, sel fin, poivre du moulin*

PRÉPARATION : Hachez le persil et l'ail. Lavez les fleurs et ôtez délicatement le pistil avant de les poser sur un papier absorbant. Versez la farine dans un saladier, creusez une fontaine pour y ajouter les jaunes d'œuf, le persil, l'ail, l'huile d'olive, l'assaisonnement et le lait tiède. Mélangez au fouet pour obtenir une pâte légère. Vous devez obtenir une pâte lisse d'une consistance plus épaisse qu'une pâte à crêpe. Vous pouvez rajouter du lait au besoin. Montez les blancs en neige et incorporez-les au mélange bien délicatement. Laissez reposer la pâte 20 min environ. Ensuite, faites chauffer l'huile dans la friteuse, plongez chaque fleur dans la pâte à frire puis dans la friture bien chaude. Faites-les dorer pendant quelques minutes avant de les égoutter sur un papier absorbant. Salez légèrement. Servez chaud à l'apéritif ou avec une salade verte par exemple.

Crumble de courgettes

PRÉPARATION ET CUISSON : 35 min

INGRÉDIENTS : *1 kg de petites courgettes, 1 échalote, 1 oignon, 100 g de copeaux de parmesan, 10 feuilles de basilic, 120 g de farine, 80 g de beurre, 2 cuill. d'huile d'olive, sel fin, poivre du moulin*

PRÉPARATION : Émincez l'échalote, l'oignon et tranchez finement la courgette. Dans une sauteuse avec un peu d'huile d'olive, faites fondre les courgettes avec la garniture aromatique. Laissez cuire jusqu'à évaporation complète de l'eau de végétation. Ajoutez les copeaux de parmesan et le basilic ciselé. Laissez mijoter quelques minutes. Dans un saladier, mélangez la farine avec une pincée de sel et le beurre coupé en morceaux. Malaxez l'ensemble du bout des doigts afin d'obtenir un mélange friable. Répartissez les légumes dans 6 ramequins beurrés allant au four. Saupoudrez de pâte à crumble et enfournez 20 min. Servez cette préparation avec des escalopes de veau poêlées.

LE CRESSON ALÉNOIS & LE CRESSON DE FONTAINE

Lepidium sativum / Nasturtium officinale

HISTOIRE

Le cresson alénois est également appelé « cressonnette ». Originaire d'Asie centrale et d'Afrique du nord, il est connu depuis l'Antiquité. Les Grecs et les Romains le consommaient régulièrement, et il était aussi très apprécié sur les tables royales au Moyen Âge. C'était autrefois principalement une plante de cueillette, qui figurait parmi les plantes potagères recommandées. Aujourd'hui le cresson alénois ou du jardin pousse en pleine terre assez facilement. C'est à un maréchal de l'armée napoléonienne que l'on doit sa redécouverte culinaire, alors que cette plante était au XVIe siècle utilisée avant tout pour ses vertus médicinales. Le cresson aquatique ou le cresson de fontaine aux feuilles brillantes pousse, lui, dans les eaux pures des cressonnières ; sa saveur vive rappelle celle de la moutarde.

CULTURE

Le cresson de fontaine pousse lorsque la température de l'eau courante atteint 10 °C. Semez en place ou repiquez des boutures obtenues par des semis en terrine très humide. Les semis demandent 6 à 7 semaines environ avant la première récolte, et 3 à 4 semaines pour des boutures. Les amateurs cultivent ce cresson dans des baquets en bois en changeant l'eau une fois par semaine.

Le cresson alénois pousse dans une terre ombragée et fraîche ; pour cela, semez les graines en ligne. Elles seront à peine recouvertes et devront rester humides jusqu'à la levée (2 jours). Compte tenu de la rapidité de cette culture, on peut obtenir une

- Famille des crucifères
- Originaire d'Asie centrale et d'Afrique du Nord
- 20 calories
- Semez en lune croissante.

Le conseil du jardinier

Il ne faut pas confondre le cresson alénois avec le cresson des fontaines. Ce dernier se récolte en lieu humide voire aquatique. Il est présent autour des ruisseaux.

récolte continue en semant toutes les 3 semaines. Le cresson alénois a aussi des besoins importants en eau ; en cas de manque, les symptômes sont visuels : courbure des tiges, flétrissement puis jaunissement des feuilles…

MALADIES ET PARASITES

Aucune maladie ne menace le cresson de fontaine, à condition de contrôler l'eau qui peut comporter des parasites le rendant impropre à la consommation. Pas de maladie non plus pour le cresson cultivé dans le jardin, bien que l'on déplore quelques altises qui perforent les feuilles.

PRINCIPALES VARIÉTÉS

Les espèces de cresson sont peu nombreuses. Chez l'aquatique, seul le cresson de fontaine à larges feuilles existe. Chez l'alénois, deux espèces sont souvent cultivées dans nos potagers, l'*Alénois à larges feuilles* et l'*Alénois frisé.*

RÉCOLTE ET CONSERVATION

Le cresson de fontaine se récolte à la main, en prélevant les tiges sans les déraciner. Concernant le cresson alénois, vous le récolterez 3 semaines environ après le semis ; coupez les feuilles à 3 cm au-dessus du sol car on peut espérer une repousse. Le cresson se consomme frais ou séché en infusion. Le cresson de fontaine ou alénois ne supporte ni la congélation ni la stérilisation.

LE + SANTÉ

Le cresson a des propriétés stimulantes et antiscorbutiques. Cette plante est très riche en éléments minéraux comme le fer, le phosphate et l'iode. Cependant, elle peut héberger un parasite dangereux, la douve du foie. Le cresson est recommandé pour les régimes des personnes diabétiques. Le cresson alénois est très riche en vitamines C et E ainsi qu'en calcium et en manganèse.

Pain de poisson de mer au cresson sauce verte

PRÉPARATION ET CUISSON : 1 h

INGRÉDIENTS : *1 kg de filets de poisson (merlan, cabillaud, dorade, lieu, lotte, etc.), 3 bottes de cresson, 60 cl de crème fraîche liquide, 2 blancs d'œuf, muscade, sel, poivre du moulin*

PRÉPARATION : Prenez soin de bien ôter toutes les arêtes de poisson. Mixez seulement la moitié des filets de poisson avec les blancs d'œuf, puis incorporez petit à petit un tiers de la crème fraîche liquide et l'assaisonnement. Coupez en fines lanières le reste de filets de poisson. Effeuillez le cresson puis lavez-le à plusieurs eaux. Faites-le blanchir 1 min dans de l'eau bouillante puis rafraîchissez-le. Une fois bien séché sur un papier absorbant, mixez le cresson quelques secondes, assaisonnez et réservez-en la moitié pour la sauce. Préchauffez le four sur th. 7. Beurrez un moule à charlotte, répartissez en les alternant les couches de farce, de purée de cresson et de lanières de poisson, pour terminer par une couche de farce. Couvrez d'un papier sulfurisé et faites cuire au bain-marie pendant 35 min environ. Il suffit de vérifier la cuisson en enfonçant la pointe d'un couteau dans le flan : elle doit ressortir sèche. Trop cuit ou pas assez, le flan sera de mauvaise qualité.

Pendant ce temps, faites réduire le restant de crème sur feu doux, puis ajoutez la purée de cresson et l'assaisonnement. Laissez réduire quelques minutes.

Servez des tranches de pain de poisson sur des assiettes chaudes et nappez de sauce verte. Décorez vos assiettes avec quelques rondelles de citron et garnissez-la de belles pommes de terre en robe des champs.

LE CROSNE

Stachys tuberosa

- Famille des lamiacées
- Origine : Chine ou du Japon
- 75 calories pour 100 g
- Il apprécie toutes sortes de culture autour de lui, rien ne le perturbe !
- Semez en lune décroissante

Le conseil du jardinier

Le crosne est une plante envahissante : il faudra effectuer l'arrachage avec précaution ; si vous laissez quelques rhizomes en terre, c'est l'invasion assurée l'année suivante.

HISTOIRE

Originaire de Chine puis très vite présent au Japon (ou bien le contraire, rien ne nous le prouve), ce tubercule ressemble à une grosse chenille blanche nacrée et fait partie des légumes utilisés quotidiennement dans la cuisine d'Extrême-Orient. Il fut introduit en France en 1882 par Auguste Pailleux, membre de la Société française d'acclimatation dans le village de Crosne en Essonne, d'où l'origine du nom. Au XIXe siècle, le crosne connaît un franc succès grâce à la pièce de théâtre *Francillon* d'Alexandre Dumas. Au début du XXe siècle, la guerre fait cependant de lui un légume de famine, au même titre que le rutabaga. Après les guerres, plus personne ne le consomme, comme pour oublier les mauvais souvenirs. Sachez néanmoins que Sarah Bernhardt était folle de ce légume asiatique.

CULTURE

La culture du crosne est facile et à la portée de tous. Pour cela, dès le printemps, veillez à ce que le terrain soit riche et souple puis préparez des sillons d'une douzaine de centimètres de profondeur. La plantation se fait en poquets de 3 à 4 tubercules distants de 40 cm, dans des sillons espacés de 60 cm. Recouvrez de terre fine, sans trop tasser afin de ne pas casser les germes des crosnes. Binez et arrosez régulièrement pour maintenir un sol frais. Les sols sablonneux et légers peuvent donner une récolte plus savoureuse et capable d'atteindre plus de 3 kg par mètre carré.

MALADIES ET PARASITES

Ce tubercule est généralement peu maladif. Seul le pourridié attaque le crosne : ce champignon migre au printemps vers les racines et les infecte. L'eau joue aussi un rôle important dans la propagation de cette maladie, ainsi qu'une température supérieure à 20 °C. Le ver blanc ou larve de hanneton peut être aussi une vraie catastrophe au jardin. Il attaque les rhizomes et peut provoquer un ralentissement de la croissance, voire la mort de la plante si l'agression est trop importante.

PRINCIPALES VARIÉTÉS

Peu de variété coexistent chez cette plante vivace. Le *Crosne du Japon*, dont le petit rhizome blanc ressemble à une chenille ou à un chapelet, est très aqueux avec une chair extrêmement tendre.

RÉCOLTE ET CONSERVATION

La récolte débute en novembre quand les feuilles commencent à se dessécher ; elle se prolonge au fur et à mesure des besoins pendant tout l'hiver, parfois jusqu'en avril. Il faut consommer les tubercules fraîchement arrachés, sinon les crosnes flétrissent au-delà de quelques jours d'arrachage. Mieux vaut les laisser en terre en les paillant pour éviter le grand froid.

LE + SANTÉ

Riche en glucides, le crosne est une source appréciable de sels minéraux comme le potassium, le phosphore, le calcium, etc. Il est riche en protéines et en bétaïnes, mais pauvre en vitamines. Le crosne a un léger goût d'artichaut. Il faut le récolter bien blanc et ferme. Attention ! Ce légume a tendance à s'oxyder et à se déshydrater très vite !

Filets de truite en papillote garnis de crosnes à la crème de safranée

PRÉPARATION ET CUISSON : 35 min

INGRÉDIENTS : *6 filets de truite, 1 kg de crosnes, 1 citron, thym, laurier, 1 tomate, sel, poivre et huile d'olive - Sauce : 20 cl de crème fraîche liquide, 2 g de safran en poudre, sel et poivre du moulin*

PRÉPARATION : Commencez par préparer et cuire les crosnes. Prenez une grande feuille de papier sulfurisé et disposez les filets de truite en quinconce. Assaisonnez puis posez des tranches de citron et de tomate, et versez un filet d'huile d'olive. Refermez la papillote le mieux possible et enfournez pour une cuisson de 20 min environ. Faites chauffer la crème avec le safran, ajoutez les légumes égouttés et laissez mijoter 10 min sur feu doux. Dressez les filets sur des assiettes chaudes et garnissez-les de crosnes. Nappez de sauce safranée et servez aussitôt.

Gratin de crosnes aux herbes

PRÉPARATION ET CUISSON : 45 min

INGRÉDIENTS : *1 kg de crosnes, 25 cl de crème fraîche liquide, 50 g de parmesan râpé, 2 biscottes écrasées, le jus d'1 citron, huile d'olive, ½ cuillère d'herbe de Provence, sel fin, poivre du moulin*

PRÉPARATION : Commencez par préparer les crosnes. Ensuite, coupez-les en rondelles épaisses. Faites-les cuire 20 min dans l'eau salée. Dans un saladier, mélangez la crème, le jus de citron, le parmesan râpé et les herbes de Provence. Ajoutez les crosnes égouttés et l'assaisonnement. Versez l'ensemble dans un plat à gratin préalablement huilé. Saupoudrez de chapelure avant d'enfourner 20 min dans un four chaud sur th. 7. Servez avec un gigot d'agneau, c'est un délice !

Crosnes à la provençale

PRÉPARATION ET CUISSON : 40 min

INGRÉDIENTS : *600 g de crosnes, 1 tomate pelée, 4 gousses d'ail, 2 cuill. d'huile d'olive, persil, Coriandre fraîche, 10 cl de vin blanc sec, sel, poivre du moulin*

PRÉPARATION : Commencez par préparer les crosnes. Ensuite, coupez-les en rondelles épaisses. Dans une sauteuse, mettez l'huile d'olive, l'ail et l'assaisonnement, et ajoutez les crosnes en remuant sans arrêt. Une fois les crosnes bien dorés, ajoutez la tomate pelée et le vin blanc, puis laissez cuire environ 15 min à feu doux. Au dernier moment, ajoutez les herbes hachées. Servez avec du foie de veau poêlé.

Salade de crosnes aux anchois

PRÉPARATION ET CUISSON : 25 min

INGRÉDIENTS : *800 g de crosnes, 1 belle salade verte, 1 oignon, 5 cuill. d'huile d'olive, 3 feuilles de basilic, 15 cl de bouillon de volaille, 12 filets d'anchois, 1 cuill. de farine, 10 cl de vin blanc sec, 3 tartines de pain de campagne, sel, poivre du moulin*

PRÉPARATION : Commencez par nettoyer les crosnes au gros sel puis rincez-les. Faites suer l'oignon finement haché avec un peu d'huile d'olive pendant quelques minutes, puis ajoutez les crosnes égouttés. Farinez très légèrement puis déglacez au vin blanc, et laissez mijoter 2 min avant de verser le bouillon de volaille et l'assaisonnement. Faites cuire environ 20 min puis laissez refroidir. Pendant ce temps, faites griller les croûtons de pain au four et préparez la salade verte. Disposez celle-ci sur les assiettes, puis disposez les crosnes refroidis et les croûtons de pain grillés. Arrosez d'huile d'olive, puis posez les filets d'anchois. Décorez vos assiettes avec une tranche de citron vert et quelques feuilles de basilic.

L'ENDIVE

Cichorium endivia

- Famille des astéracées
- Origine : Belgique
- 15 calories pour 100 g
- Cultivez l'endive à côté de la carotte, de la courgette, mais pas auprès des choux.
- Semez en lune décroissante.

Le conseil du jardinier

C'est une culture en deux étapes : d'abord la culture en terre et ensuite le forçage dans un endroit obscur comme une cave par exemple.

HISTOIRE

Les Grecs avaient déjà repéré les vertus médicinales de la chicorée, l'ancêtre de notre endive ; les Gallois, 200 ans avant notre ère, l'appelaient déjà « l'amie du foie ». En effet, son amertume était censée stimuler le fonctionnement de la vésicule biliaire, et faciliter la digestion. Cette chicorée fut cultivée vers 1 830 dans la vallée Josaphat à Schaerbeek en Belgique. On l'attribue à un paysan qui aurait voulu dissimuler sa récolte dans une cave obscure, durant la période troublée au cours de laquelle la Belgique a conquis son indépendance. Séduit par son goût délicat, il décida rapidement de commercialiser l'endive. Ce fut en tous cas le jardinier en chef du jardin botanique de Bruxelles, monsieur Bresiers, qui en systématisa le forçage en cultivant la racine de chicorée, à l'abri de la lumière et du gel. Des feuilles blanches se développèrent alors, justifiant le nom flamand de la chicorée, *witloof* (feuille blanche). Vers 1880, les premières caisses de chicorée furent mises en vente aux Halles de Paris. On raconte que le crieur, interpellé et interrogé sur le nom de ce nouveau légume, fut pris de court, mais répondit avec aplomb : « Endives de Bruxelles ». Il a fallu attendre la fin de la Première Guerre mondiale pour que les agriculteurs français du Nord de la France se lancent dans cette culture.

CULTURE

Commencez par préparer le sol car les endives demandent une terre souple et riche en humus. Semez les graines assez clair, en rangs peu profonds, puis tassez le semis sans trop recouvrir les graines. 2 semaines plus tard, commencez à éclaircir les rangs de façon à cultiver des grosses racines bien droites : ôtez les plants faibles et n'en gardez qu'un seul tous les 12 cm environ. L'endive est une plante qui demande peu d'arrosage. Fin octobre, arrachez les racines, et éliminez les fourchues qui ne seront pas productives. Coupez les feuilles 1 cm au-dessus du collet. Faites-les sécher environ 1 semaine sur le terrain. Dans les caisses en bois ou en polystyrène assez hautes, disposez les racines côte à côte, debout. Remplissez les récipients avec du terreau sableux ou de la tourbe. Paillez, puis posez une bâche

noire pour avoir une obscurité totale. Si les caves sont trop petites, il faudra repiquer les endives à l'extérieur : c'est ce qu'on appelle les couches, ou les silos. Deux problèmes restent à résoudre : la lumière et la température. Pour la lumière, pas de souci, on recouvre tout simplement les endives d'une bâche noire. Le problème de la température est plus délicat à résoudre : une épaisse couche de paille aide à garder une température convenable, mais attention aux mulots !

MALADIES ET PARASITES

Peu de maladies peuvent endommager l'endive. Cependant, faites attention aux limaces et à la rouille qui peut atteindre le feuillage en cours de culture. Contrôlez de temps à autre le collet des racines lors du forçage : la pourriture peut apparaître si l'humidité est trop importante.

PRINCIPALES VARIÉTÉS

Plusieurs variétés d'endives sont reconnues, pour une culture en pleine terre ou en caisses : la *Hâtive de Malines*, traditionnelle, de pleine terre et bien blanche ; la fameuse *Witloof*, au chicon ferme et très croquant ; pour le forçage en caisses, privilégiez la *Zoom*, mais aussi la *Carla* qui est bordée de rouge. La variété *Béa* peut être forcée en pleine terre comme en caisses de bois.

RÉCOLTE ET CONSERVATION

Les endives se conservent plusieurs jours au frais dans le bac à légumes du réfrigérateur ou à la cave. Le maintien à l'obscurité est important, car il évite l'apparition de zones vertes et amères, sous l'effet de la lumière. L'endive se stérilise 1 h 30 après avoir été blanchie préalablement 8 min.

LE + SANTÉ

L'endive contient des fibres abondantes bien tolérées et efficaces pour le transit intestinal. Son amertume est due à la présence de deux acides, la quinine et la caféine. Pour l'éviter, creusez la base de l'endive en formant un cône, là où se concentre le maximum de ces acides.

Tarte tatin aux endives

PRÉPARATION ET CUISSON : 40 min

INGRÉDIENTS : *8 endives, 350 g de pâte feuilletée, 120 g de beurre, 80 g de cerneaux de noix, 1 cuill. de sucre en poudre, 6 brins de ciboulette, sel, poivre.*

PRÉPARATION : Préparez les endives coupez-les en deux dans le sens de la longueur. Mettez à fondre 100 g de beurre dans un moule à tatin. Posez les endives sur le côté plat d'abord et faites-les dorer 4 min de chaque côté. Après une belle coloration, versez un peu d'eau jusqu'à effleurement et ajoutez le sucre en poudre. Laissez mijoter à feu moyen jusqu'à évaporation complète de l'eau de végétation. Concassez les noix avec le rouleau à pâtisserie. Quand les endives sont cuites, essayez de les disposer en rosace dans le moule et préchauffez le four sur th. 7. Parsemez les endives de brisures de noix avant de poser la pâte par-dessus. Étalez la pâte feuilletée en lui donnant une surface plus grande que celle du moule. Puis, rentrez les bords à l'intérieur du moule à l'aide d'une fourchette ou autre. Ensuite, piquez la pâte pour éviter qu'elle gonfle abusivement. Enfournez et faites cuire 20 min minimum. Recouvrez d'une feuille de papier sulfurisée en cas de trop forte coloration. En fin de cuisson, sortez la tarte tatin du four, retournez-la immédiatement sans vous brûler, et servez sans plus attendre avec des endives en salade.

Feuilletés d'endive au jambon de Bayonne et fromage de brebis

PRÉPARATION ET CUISSON : 45 min

INGRÉDIENTS : *6 belles endives, 150 g de fromage de brebis, 6 tranches de jambon de Bayonne, 1 jaune d'œuf, 400 g de pâte feuilletée, sel fin, poivre du moulin*

PRÉPARATION : Préparez et cuisez les endives à la vapeur la veille. Égouttez-les et pressez-les pour en extraire l'eau au maximum puis posez-les sur un papier absorbant toute la nuit. Le lendemain, allumez le four sur th. 6/7, puis enveloppez chaque endive dans une tranche de jambon cuit ou cru. Abaissez la pâte feuilletée et découpez 6 rectangles, puis posez les endives sur chaque morceau de feuilletage, parsemez de fromage râpé et refermez les feuilletés en soudant bien les bords. Dorez au jaune d'œuf puis enfournez environ 30 min. Servez chaud avec une salade frisée parfumée à l'huile d'olive.

Timbale d'endives au roquefort

PRÉPARATION ET CUISSON : 40 min

INGRÉDIENTS : *800 g d'endives, 3 œufs entiers, 1 orange, 2 cuill. de farine, 1 yaourt nature, 20 cl de crème fraîche, 100 g de noix hachées, 80 g de roquefort, 15 g de beurre, 2 cuill. de ciboulette hachées, sel fin, poivre du moulin*

PRÉPARATION : Nettoyez et effeuillez les endives, puis faites-les cuire à la vapeur 10 min environ. Épongez-les correctement après le refroidissement et posez-les sur du papier absorbant. Coupez les zestes d'orange en julienne et blanchissez-les 5 min à l'eau bouillante. Dans un saladier, mettez les œufs, la farine, le yaourt nature et la crème fraîche. Mélangez puis ajoutez les noix, le roquefort, la ciboulette et l'assaisonnement. Mettez le four à chauffer sur th. 6/7. Beurrez 6 ramequins et tapissez les moules avec des feuilles d'endive. Une fois terminé, hachez le reste des endives pour les mélanger avec l'appareil crémé. Versez cette garniture dans les ramequins et mettez à cuire 20 min au bain-marie, puis vérifiez la cuisson avec une pointe de couteau. Laissez reposer les ramequins à la sortie du four pendant une dizaine de minutes avant de démouler. Disposez-les sur des assiettes chaudes avec quelques zestes d'orange, en garniture d'un rôti de veau par exemple.

Tronçons de lotte aux endives confites

PRÉPARATION ET CUISSON : 10 min

INGRÉDIENTS : *6 beaux morceaux de lotte, 5/6 grosses endives, 2 grosses échalotes, 2 cuill. de sucre, 70 g de beurre, 10 cl de vinaigre balsamique, 1 verre d'eau, sel et poivre*

PRÉPARATION : Nettoyez correctement les endives et coupez-les en lanières dans le sens de la longueur. Hachez les échalotes. Dans une poêle, faites-les revenir avec une noix de beurre, pendant 10 min environ. Ajoutez les échalotes, le sucre et l'assaisonnement. Remuez et laissez caraméliser pour avoir une belle couleur dorée. En fin de cuisson, déglacez avec le vinaigre balsamique et l'eau. Laissez réduire doucement. Après avoir essuyé les tronçons de lotte, passez-les dans la farine avant de les cuire 3 min dans une poêle avec une noix de beurre. Assaisonnez. Disposez les endives confites dans les assiettes, et placez le filet de poisson dessus. Servez aussitôt.

L'ÉPINARD

Spinacia oleracera

HISTOIRE

Probablement originaire de Perse, l'épinard arrive en Espagne puis en France vers l'an 1000, apporté par les croisés. L'histoire nous narre que les hommes avaient rapporté des pousses d'épinard accrochées à leurs vêtements sans s'en rendre compte ! Plus tard, vendue en boulettes, cette herbe de carême, tel qu'on la surnommait à l'époque, était utilisée en cataplasmes destinés à guérir principalement les douleurs d'estomac. L'appellation « à la florentine » rend hommage à la ville natale de Catherine de Médicis, qui en partit au XVIe siècle pour épouser le roi de France. Elle en rapporta ce légume, pour le déguster principalement sucré.

La bande dessinée Popeye a fait connaître l'épinard dans le monde entier comme étant un légume exceptionnellement riche en fer, donnant toute sa force au héros. Faux : ce malentendu remonte à 1870, quand le biologiste E. von Wolf étudia la composition des épinards. Par mégarde, il plaça une virgule un rang trop loin : au lieu de 2,7 mg, il nota 27 mg de fer pour 100 g. La vérité ne fut rétablie qu'en 1930.

- Famille des chénopodiacées
- Origine : Perse et Tibet
- 20 calories pour 100 g
- Cultivez l'épinard auprès d'une planche de fraisiers, il adore ça...
- Semez en lune décroissante.

Le conseil du jardinier

Cultivez des capucines au milieu des épinards pour éviter les pucerons !

Un conseil : fortifiez les semis avec une décoction de prèle.

CULTURE

L'épinard adore une terre un peu forte gardant bien l'humidité. Avant de semer, enfouissez un engrais biologique complet assez riche en azote. Les semis de printemps se font en mars/avril pour une récolte de mai à juin, et les semis d'automne au mois de septembre pour une récolte en novembre. Semez à mi-ombre, l'épinard supporte très bien le froid mais pas la chaleur, car il monte rapidement en graine. Tracez des lignes en gardant 25 cm entre les rangs, qui doivent avoir 2 cm de profondeur. Semez assez clair et recouvrez avec une terre fine. Tassez avec le dos du râteau, puis arrosez les rangs copieusement.

En moins de 10 jours, la levée est faite. Dans le cas d'un semis un peu épais, éclaircissez en arrachant des plants pour éviter un étouffement. L'épinard s'intercale très bien avec des espèces à croissante lente comme le céleri, le poireau ou le chou pomme.

MALADIES ET PARASITES

Comme tous les légumes du jardin, les épinards sont attaqués par des insectes. Pour cette plante, il s'agit principalement des pucerons noirs et des chenilles nocturnes appelées « noctuelles ». Quelques maladies virales comme le mildiou peuvent atteindre et surtout détruire vos plants d'épinards. La bouillie bordelaise est un traitement naturel préconisé pour vaincre les maladies.

PRINCIPALES VARIÉTÉS

Les variétés sont nombreuses, mais il est préférable de semer des épinards adaptés à chaque saison. Au printemps, le *Junius* reste la principale variété pour sa croissance rapide. Le *Viking* est aussi incontournable que le précédent. Pour l'automne, prévoyez le *Monstrueux de Viroflay*, très classique. Enfin, pour une récolte hivernale, semez le *Géant d'hiver* à feuilles très larges, très résistant au froid.

RÉCOLTE ET CONSERVATION

Cueillez les épinards feuille par feuille pour ne pas endommager les jeunes pousses. Équeutez-les puis blanchissez-les 2 min avant de les rincer. Pressez-les dans la main pour éliminer l'eau de végétation avant de confectionner des boules d'épinard. Congelez-les sur une plaque avant de les mettre en sacs. De cette façon les boules ne se collent pas, il est donc plus facile de prendre la quantité désirée. Une autre solution consiste à remplir des bocaux aux trois quarts d'épinards ; salez et stérilisez 2 h.

LE + SANTÉ

Ce légume est hautement pourvu en minéraux, en vitamines et en fibres ; l'épinard est aussi une excellente source de magnésium et de fer. Le calcium y atteint aussi des valeurs élevées, de même que le sodium. L'épinard compte d'ailleurs parmi les légumes frais les plus chargés en sodium. En raison de sa teneur élevée en acide oxalique et en acide urique, il est déconseillé aux personnes souffrant de calculs rénaux et d'acide urique, plus communément appelé « goutte ».

Tourte aux épinards, pommes et raisins

PRÉPARATION ET CUISSON : 55 min

INGRÉDIENTS : *300 g de pâte feuilletée, 800 g d'épinards, 100 g de raisins secs, 5 cl de cognac, 2 pommes Canada, 100 g de pignons, 3 œufs entiers, 1 cuill. de romarin, 1 cuill. de thym effeuillé, 1 citron, sel fin, poivre noir*

PRÉPARATION : Faites macérer les raisins dans le cognac la veille. Nettoyez et blanchissez les épinards. Une fois refroidis, pressez-les dans la main pour extraire l'eau de végétation. Ensuite émincez-les grossièrement avec les pommes. Râpez le zeste de citron. Dans un saladier, mettez ces légumes, puis les pignons, les herbes, les raisins égouttés, l'assaisonnement et les œufs. Mélangez bien l'ensemble. Préchauffez le four sur th. 7.

Foncez un moule à tarte de pâte feuilletée, piquez le fond puis répartissez la garniture. Recouvrez avec le second cercle de pâte en pinçant les bords pour les souder. Faites un trou au centre et glissez un papier cartonné pour que la vapeur puisse sortir (cheminée). Dorez la surface et décorez à votre goût avec la pointe d'un couteau. Enfournez et laissez cuire 40 min environ. Ce plat se déguste aussi bien chaud que froid avec une salade de mâches.

Soufflé d'épinards au sainte-maure de Touraine

PRÉPARATION ET CUISSON : 1 h

INGRÉDIENTS : *600 g d'épinards frais, 300 g de fromage de chèvre demi-sec, 50 g de farine, 50 g de beurre, 4 œufs, 35 cl de lait, Noix de muscade sel, poivre*

PRÉPARATION : Équeutez et lavez les épinards, puis faites-les cuire à la vapeur 5 min. Mettez-les dans une passoire et pressez fortement pour évacuer toute l'eau de végétation. Attention, il doit rester le moins d'eau possible. Ensuite, mixez finement les épinards. Séparez les jaunes d'œuf des blancs. Coupez le fromage en cubes. Faites un roux avec le beurre et la farine puis ajoutez le lait tout en fouettant, et laissez cuire pendant 5 min. Hors du feu, incorporez les jaunes d'œuf, l'assaisonnement et les épinards mixés. Allumez le four sur th. 6/7. Battez les blancs en neige et incorporez-les délicatement à la préparation. Mettez la moitié du fromage de chèvre. Versez la préparation dans un moule à soufflé beurré et fariné. Répartissez les morceaux de chèvre sur le dessus sans les enfoncer. Enfournez 30 à 40 min en surveillant la cuisson : le soufflé doit ressortir doré.

Gratin d'épinard aux cèpes

PRÉPARATION ET CUISSON : 50 min

INGRÉDIENTS : *31,5 kg d'épinards, 500 g de cèpes, 100 g de beurre, 300 g de crème fraîche, 3 jaunes d'œuf, sel fin, poivre du moulin*

PRÉPARATION : Équeutez et cuisez les épinards à la vapeur le temps nécessaire, puis égouttez-les bien, passez-les avec 50 g de beurre dans une sauteuse pour extraire l'eau de végétation, et assaisonnez. Nettoyez et brossez les cèpes puis émincez-les. Faites-les sauter dans une poêle avec 50 g de beurre jusqu'à l'évaporation complète de l'eau. Dans un saladier, mélangez la crème fraîche, les jaunes d'œuf et l'assaisonnement. Préchauffez le four sur th. 7. Dans un plat beurré, alternez une couche d'épinards, une de champignons et finissez avec le reste des épinards. Versez la sauce crème et enfournez pendant 20 min. Servez aussitôt avec une viande rouge grillée.

Crumble d'épinards à la feta

PRÉPARATION ET CUISSON : 50 min

INGRÉDIENTS : *1 kg d'épinards frais, 200 g de feta, 2 cuill. d'huile d'olive, 80 g de raisins secs, 2 échalotes, 75 g de beurre, 75 g de parmesan, 100 g de farine, 10 cl de crème fraîche épaisse, sel et poivre du moulin*

PRÉPARATION : Équeutez et lavez les épinards avant de les cuire 5 min à la vapeur. Laissez-les égoutter correctement. Ciselez les échalotes finement puis faites-les revenir à l'huile d'olive quelques minutes. Ajoutez les épinards et faites mijoter l'ensemble 10 min à feu moyen. Remuez régulièrement puis incorporez la crème fraîche et les raisins secs. Vérifiez l'assaisonnement. Mélangez la farine et le parmesan avec le beurre ramolli en pétrissant du bout des doigts jusqu'à obtenir un sable grossier. Versez la préparation dans des plats à gratin individuels. Ajoutez la feta émiettée par-dessus, puis la pâte à crumble. Enfournez et laissez cuire 20 min environ. Servez immédiatement à la sortie du four avec des tranches de gigot, ou tout simplement le soir avec une salade de crudités.

LE FENOUIL

Foeniculum vulgare

- Famille des apiacées
- Originaire de Méditerranée
- 34 calories pour 100 g
- Le fenouil n'affectionne pas le voisinage du chou, de la coriandre et de la tomate.
- Semez en lune décroissante.

Le conseil du jardinier

Fin septembre, buttez les bulbes afin de le garder blanc et tendre à la fois.
À l'approche des gelées, rentrez vos derniers bulbes à l'abri du grand froid.

HISTOIRE

Le fenouil que nous cuisinons aujourd'hui est un proche parent du fenouil sauvage. On peut d'ailleurs toujours en trouver à l'état sauvage au bord des routes et au bord de la mer. Les Romains ont les premiers popularisé cette plante, qu'ils ont introduite jusqu'en Angleterre. Les chrétiens, plus tard, prirent l'habitude de mâcher des graines de fenouil durant des heures dans les lieux de prière pour rafraîchir leur haleine. Ce légume curieux, constitué par des renflements de pétioles emboîtés les uns dans les autres, fut d'abord timidement apprécié en France, puis plus largement dès le XVIe siècle avec l'arrivée de Catherine de Médicis, qui l'introduisit dans son potager secret, comme beaucoup d'autres épices, avant d'en faire l'éloge dans la gastronomie. Mais le fenouil n'aura jamais autant de succès en France que de l'autre côté des Alpes, où le cuisinier italien lui réserve aujourd'hui toute sa gratitude. Toutefois, depuis plusieurs années le fenouil tubéreux a réussi à mieux se faire connaître des consommateurs en dehors des régions ensoleillées.

CULTURE

Le fenouil n'est pas difficile à cultiver. Il apprécie un sol bien ameubli en profondeur, enrichi de fumier et de compost, avec un bon ensoleillement. Toutefois, il a une préférence pour les terrains calcaires dans lesquels il peut grossir tranquillement. Le semis se fait soit sous châssis dès le printemps, ou en pleine terre lorsque les gelées matinales ne sont plus à craindre. Semez les graines dans des sillons de 4 cm de profondeur espacés de 30 cm en tous sens. La levée a lieu 2 semaines plus tard ; attendez que les plants atteignent 10/12 cm de haut pour les repiquer ou les éclaircir. 3 mois de culture sont nécessaires pour récolter des fenouils de bonne qualité. Les besoins en eau du fenouil sont moyens, même s'ils deviennent un peu plus importants l'été. Le manque d'eau provoque la montée en graine prématurée et bloque la formation de la pomme. Prévoyez donc un arrosage régulier mais sans accumulation d'eau afin d'éviter la pourriture. Pour conserver un taux d'humidité important, n'hésitez pas à pailler les rangs.

MALADIES ET PARASITES

On ne constate ni maladie ni parasite grave du fenouil. En hiver, les bulbes contiennent de petites larves d'insecte qui pénètrent dans la première pellicule du bulbe. La botrytis est une maladie typique de cette plante et provoque quelques taches blanches sur le feuillage.

PRINCIPALES VARIÉTÉS

Le *Fenouil doux* ou *tubéreux* présente une partie bulbeuse plus renflée, avec des pétioles plus épais et blancs et des feuilles très vertes. Le *Fenouil amer* présente des pétioles verts qui partent de la base du bulbe. Les feuilles sont très découpées à leur extrémité. Dans le nord de la France, choisissez des variétés précoces comme le *Zefa Fino* ou le *Fenouil de Mantoue* au bulbe peu volumineux. Dans le sud de la France en revanche, toutes les variétés peuvent être plantées. Sachez que le *Doux de Florence* et le *Géant Mammouth* ont un bulbe très volumineux. Le *Cristal*, le *Carmo* ont un bulbe gros et aplati.

RÉCOLTE ET CONSERVATION

Le fenouil évoque le Midi, mais il reste un légume d'hiver que l'on consomme d'octobre à février. Récoltez les bulbes au fur et à mesure de vos besoins et en fonction du grossissement des pommes. Protégez les derniers bulbes restés en terre par un bon paillis pour pouvoir les garder plus longtemps dans le potager. Le fenouil se conserve environ 15 jours dans un endroit sec et aéré.

LE + SANTÉ

Le fenouil est un légume à la saveur anisée, dont on mange surtout la base de la tige, appelée bulbe. Compagnon incontournable du poisson, il est riche en vitamine C, fournit une quantité intéressante de minéraux et fait partie des légumes les plus riches en calcium, en magnésium et en fer. Il renferme des fibres abondantes et bien tolérées, efficaces pour lutter contre la paresse intestinale. N'hésitez pas à retirer les parties les plus dures à l'aide d'un couteau économe pour une meilleure tolérance. Vous pouvez consommer le pollen du fenouil, appelé aussi « épice des anges ». Récolté en Italie et en Californie, les amateurs de son goût anisé aiment en saupoudrer une viande rôtie ou un poisson au court-bouillon.

Salade de fenouil aux pommes et noisettes sauce roquefort

PRÉPARATION ET CUISSON : 20 min

INGRÉDIENTS : *3 pommes, 1 bulbe de fenouil, 1 grosse endive, 50 g de noisettes, 300 g de mâches*

Sauce : *80 g de roquefort, 1 cuill. d'huile d'olive, 2 yaourts maigres nature, poivre du moulin*

PRÉPARATION : Dans une sauteuse, faites griller les noisettes à sec pendant 1 ou 2 min. Laissez-les refroidir sur un papier absorbant. Préparez et émincez le fenouil et l'endive finement. Épluchez et coupez les pommes en dés. Mélangez les 3 ingrédients en ajoutant les noisettes. Lavez et essorez les mâches. Préparez la sauce en écrasant le fromage avec une fourchette dans un saladier, puis versez l'huile d'olive et 1 cuillère d'eau. Mélangez soigneusement avec les yaourts. Poivrez et vérifiez le goût en sel car le fromage en apporte. Répartissez les mâches sur les assiettes ; au centre, mettez un peu de garniture de légumes et nappez de sauce au roquefort. Décorez vos assiettes de quelques brins de fines herbes.

Risotto au fenouil et crevettes

PRÉPARATION ET CUISSON : 40 min

INGRÉDIENTS : *400 g de riz arborio, 3 bulbes de fenouil, 150 cl de bouillon de volaille, 80 g de petits pois cuits, 150 g de crevettes décortiquées, 60 g de parmesan râpé, 2 gousses d'ail, 2 cuill. d'huile d'olive, sel et poivre du moulin*

PRÉPARATION : Mettez le bouillon sur le coin du feu sans laisser bouillir. Pelez et écrasez les gousses d'ail. Lavez et émincez finement les bulbes de fenouil. Dans une cocotte, faites revenir le fenouil dans l'huile d'olive, puis ajoutez les gousses d'ail. Au bout de 5/6 min, ajoutez le riz et remuez correctement afin que les grains deviennent translucides. Versez un peu de bouillon chaud et remuez jusqu'à ce qu'il soit absorbé. Renouvelez l'opération jusqu'à la fin du bouillon. Poursuivez la cuisson pour que le riz soit cuit mais encore un peu ferme. Avec la dernière louche de bouillon ajoutez les crevettes, les petits pois, le parmesan râpé et l'assaisonnement. Couvrez et laissez reposer 5 min environ sur feu éteint. Vérifiez l'assaisonnement et la cuisson puis servez vos convives.

Velouté de fenouil crémé

PRÉPARATION ET CUISSON : 30 min

INGRÉDIENTS : *3 bulbes de fenouil, 3 blancs de poireau, 450 g de pommes de terre, 2 carottes, 1 l de bouillon de volaille, 2 jaunes d'œuf, 20 cl de crème fraîche, 2 cuill. d'huile d'olive, 2 pincées de feuilles de thym, sel fin, poivre du moulin*

PRÉPARATION : Coupez les bulbes de fenouil en lanières et les blancs de poireau en tronçons. Faites chauffer l'huile d'olive dans une cocotte et mettez à fondre doucement les fenouils et les poireaux en remuant de temps en temps. Pendant ce temps, épluchez la carotte et les pommes de terre puis coupez-les en cubes d'environ 1 cm. Ajoutez-les à la cocotte. Assaisonnez et mouillez avec le bouillon de volaille. Laissez cuire à couvert pendant 15 min. Ensuite, mixez l'ensemble finement et vérifiez l'assaisonnement. Fouettez les jaunes d'œuf avec la crème fraîche, et incorporez ce mélange dans le velouté. Laissez mijoter quelques minutes sur feu doux tout en remuant. Servez bien chaud avec des croûtons de pain grillés.

Salade de fenouil aux olives et aux noisettes

PRÉPARATION ET CUISSON : 30 min + 1 h au frais

INGRÉDIENTS : *3 bulbes de fenouil, 100 g d'olives vertes, 80 g de noisettes concassées, 150 g de crème fraîche, 1 citron, 1 cuill. de ciboulette hachée, ¼ de cuill. de cumin, sel fin et poivre du moulin*

PRÉPARATION : Nettoyez les fenouils en retirant les feuilles extérieures toujours un peu couleur rouille. Plongez les bulbes dans de l'eau bouillante et laissez cuire 20 min. Rafraîchissez-les puis émincez-les assez finement. Mettez-les dans un saladier avec les olives dénoyautées et les noisettes. Brassez pour mélanger les saveurs. Préparez la sauce avec la crème et le citron. Ajoutez la ciboulette et l'assaisonnement puis versez cette sauce dans le saladier. Mélangez et laissez macérer 1 h au frais avant de déguster.

LA FÈVE
Vicia faba

HISTOIRE

La trace de la fève est découverte en Perse et en Afrique dès la haute Antiquité égyptienne. Par ailleurs, les Chinois auraient utilisé cet aliment il y a plus de 5000 ans. Les prophètes s'en nourrissaient dans le désert. Les Romains consommaient aussi des fèves, sous forme de farine mélangée avec celle de froment. Pour toutes les civilisations, la fève était le symbole de la fécondité et du bonheur ; par conséquent, elle était offerte au cours des rites de mariage. La popularité de la fève a perduré en Europe jusqu'à la fin du Moyen Âge. Les moines et les paysans en faisaient un mets incontournable en hiver en raison de ses qualités nutritives. Sa valeur pécuniaire était toujours équivalente au pain ; d'ailleurs, une forte amende punissait les voleurs de fèves. Au Québec, la fève est très appréciée et reste un aliment essentiel de la cuisine traditionnelle : on l'appelle « gourgane ». Reconnue comme un cadeau des dieux, elle est probablement à l'origine de la fameuse fève que l'on retrouve dans la galette des rois le jour de l'Épiphanie.

- Famille des fabacées ou légumineuses
- Originaire du Moyen Orient
- 60 calories pour 100 g
- Ne cultivez jamais la fève dans une parcelle ayant accueilli des légumineuses 2 ans auparavant.
- Courges, panais, salade lui conviennent très bien.
- Semez en lune croissante.

Le conseil du jardinier

Avant de semer les graines entre février et mars faites-les gonfler dans l'eau froide la veille du semis.

CULTURE

La fève se cultive facilement ; elle aime un sol frais et pas trop acide. Un apport d'engrais riche en potasse quelques semaines avant le semis est recommandé. Après avoir bien travaillé le sol, tracez des rangs d'une profondeur de 4 cm espacés de 35 cm en tous sens. Semez 2 graines tous les 12 cm. Recouvrez de terre et tassez avec le dos du râteau. Arrosez copieusement jusqu'à la levée, qui en principe n'excède pas une dizaine de jours. Quand les plants atteignent 25 cm, prévoyez un buttage pour bien les enraciner dans le sol. Un ceinturage de fils tendus leur évitera de se coucher sur le sol par grand vent. À la floraison, pincez la tige au-dessus de la sixième fleur afin de favoriser la formation des gousses. Prévoyez 3 mois et demi

de culture. Les arrosages doivent être fréquents, surtout pendant la floraison et le grossissement des cosses. Attention ! Ne laissez pas stagner l'eau dans les rangs, ce qui provoquerait une pourriture des plants très rapidement.

MALADIES ET PARASITES

Le mildiou et la rouille violacent et brunissent la feuille qui dessèche rapidement. Plantez tôt dans la saison si le temps le permet, afin d'éviter au maximum les attaques des pucerons. Les fèves constituent en effet une nourriture de choix pour ces insectes ! Ne traitez pas avec un produit phytosanitaire, mais semez avec les légumineuses quelques graines de capucines. De cette manière, vous installerez une enceinte répulsive.

PRINCIPALES VARIÉTÉS

Les variétés de fèves sont pour la plupart très anciennes. On trouve la *Fève d'Aguadulce*, à très longues cosses, d'une production généreuse avec de gros grains ; la *Fève d'Aquitaine*, la meilleure variété, très précoce, parfaite pour les climats froids ; la *Fève de Séville*, hâtive et très abondante, la gousse contenant 6 fèves.

RÉCOLTE ET CONSERVATION

La récolte des fèves est étalée sur tout le mois de juin suivant la date du semis. Cueillez les gousses vertes dont les graines sont bien apparentes avant qu'elles ne durcissent. La fève se consomme 2 ou 3 jours après sa récolte. Pour une production un peu plus importante, prévoyez de congeler les graines. Pour cela, ébouillantez-les 4 min puis laissez-les refroidir avant de retirer la peau. Mettez-les en sachets et consommez-les dans un délai de 6 mois maximum. Nos aïeux laissaient sécher les fèves sur pied et consommaient les gousses en saison hivernale.

LE + SANTÉ

La fève est une excellente source d'acide folique, elle est bien pourvue en potassium et en magnésium. Elle contient du cuivre, du phosphore, du zinc, du fer, de la thiamine et de la riboflavine. C'est un légume riche en vitamines B1 et C, pourvu de protéines d'origine végétale ; pratiquement dépourvu de graisse, il renferme une proportion élevée de glucides. Très tendre, il se déguste cru à la croque au sel ou cuit *al dente*.

Garbure aux fèves

PRÉPARATION ET CUISSON : 2 h 30

INGRÉDIENTS : *6 morceaux de confit d'oie ou de canard, 300 g de poitrine fraîche, 200 g de haricots blancs, 2 kg de fèves fraîches, 2 petits choux nouveaux, 500 g de pommes de terre, 3 gousses d'ail, 1 bouquet garni, el et poivre du moulin*

PRÉPARATION : Commencez par préparer tous les légumes avant de poursuivre la recette. Dans une casserole remplie d'eau froide, mettez les haricots blancs et laissez cuire 30 min sur feu moyen. Ensuite, égouttez-les. Prenez une grosse cocotte ou un faitout et faites bouillir 4 l d'eau. Remettez les haricots blancs et le bouquet garni et faites cuire 1 h à feu doux. Au bout de ce temps, ajoutez les pommes de terre, la poitrine fraîche, les fèves, l'ail et l'assaisonnement. Laissez cuire à nouveau 25 min. Ensuite, incorporez les choux coupés en quatre et les confits, puis continuez la cuisson pendant encore 40 min. Vérifiez toutes les cuissons ainsi que l'assaisonnement. Disposez des tranches de pain de campagne dans les assiettes creuses, et arrosez-les de bouillon. Chaque convive prendra sa viande et ses légumes. Attention à ce que l'assiette ne déborde pas !

Fèves sauce aux herbes

PRÉPARATION ET CUISSON : 25 min

INGRÉDIENTS : *2 kg de fèves, 4 échalotes, 100 g d'épinards, 5 cl de vin blanc, 40 cl de bouillon de volaille, 100 g de beurre, 5 brins de cerfeuil, persil, ciboulette et estragon, sel fin et poivre du moulin*

PRÉPARATION : Écossez les fèves puis faites-les blanchir 4 min environ dans de l'eau bouillante ; égouttez-les avant d'enlever la peau. Épluchez et émincez les échalotes. Lavez et essorez les feuilles d'épinard. Ciselez le bouquet d'herbes.

Dans une sauteuse, faites suer les échalotes dans une noix de beurre. Ajoutez les épinards et faites-les fondre. Versez le vin blanc et le bouillon de volaille ou de légume, puis assaisonnez et laissez réduire aux trois quarts. Ensuite mixez l'ensemble, ajoutez les herbes puis incorporez petit à petit le beurre sans cesser de fouetter sur feu doux. Mettez les fèves à mijoter quelques minutes dans cette sauce, vérifiez l'assaisonnement et servez cette garniture avec des côtes d'agneau par exemple.

Gratin de purée de fèves au saumon frais

PRÉPARATION ET CUISSON : 30 min

INGRÉDIENTS : *500 g de filet de saumon, 600 g de fèves pelées, 60 g de beurre doux, 100 g de fromage râpé, 5 cuill. de chapelure, 2 cuill. d'huile d'olive, sel et poivre noir du moulin*

PRÉPARATION : Préchauffez le four sur th. 7. Mettez les filets de saumon dans un plat allant au four, assaisonnez-les correctement et placez un papier sulfurisé. Enfournez pendant 15 min environ. Une fois cuit, retirez le plat et laissez refroidir. Ensuite, émiettez le poisson assez grossièrement.

Pendant ce temps, mettez les fèves à cuire dans une grande quantité d'eau pendant une dizaine de minutes. Égouttez-les en fin de cuisson avant de les écraser grossièrement avec une fourchette. Ajoutez l'huile d'olive et l'assaisonnement.

Répartissez la purée de fèves dans des ramequins puis ajoutez l'effeuillé de saumon. Posez une noix de beurre, le fromage râpé et saupoudrez de chapelure. Mettez les ramequins sous le gril pendant quelques minutes juste avant de servir.

Velouté de fèves à la fleur de thym

PRÉPARATION ET CUISSON : 35 min

INGRÉDIENTS : *1,5 kg de fèves fraîche, 1,5 l de bouillon, 1 cuill. de fleur de thym fraîche, 1 bouquet d'oseille, 15 cl de crème fraîche, 50 g de beurre, gros sel, poivre blanc*

PRÉPARATION : Écossez les fèves et ôtez les peaux. Dans une cocotte, mettez une noix de beurre pour faire revenir les fèves quelques minutes. Ajoutez la fleur de thym, l'oseille équeutée et l'assaisonnement. Mouillez avec le bouillon de volaille ou de légume et laissez cuire 25 min. Vérifiez la cuisson avant de mixer l'ensemble, contrôlez l'assaisonnement et crémez au dernier moment en fouettant pour donner de l'onctuosité. Servez dans une soupière bien chaude avec des croûtons de pain grillés.

LES HARICOTS

Phaseolus vulgaris

- Famille des fabacées
- Origine : Amérique centrale
- Grain : 100 calories pour 100 g
- Vert : 25 calories pour 100 g
- La sarriette est très efficace contre la mouche du haricot.
- Évitez de cultiver le poireau, l'échalote et l'ail à ses côtés.
- Semez en lune croissante.

Le conseil du jardinier

Le haricot déteste la fumure fraîche ; semez-le à l'endroit même où les pommes de terre ont été cultivées l'année précédente.

HISTOIRE

Lorsque les Européens découvrirent l'Amérique, tous y trouvèrent de nombreuses variétés de haricots. Christophe Colomb rencontra les premiers haricots à Cuba, à Saint-Domingue, etc. Suivant les explorateurs, le haricot arrive donc en plusieurs points d'Europe. C'est en 1528 que le chanoine Valeriano, à qui le pape Clément VII avait confié de précieuses graines venues d'outre-Atlantique, se lance dans cette culture et s'en émerveille. Le pape pensa que le haricot pouvait devenir une base d'alimentation pour les peuples. Catherine de Médicis en apporta dans ses bagages une belle provision. Son mariage, célébré en 1533 avec Henri II, marqua ainsi l'entrée officielle du haricot au royaume de France, au son des trompettes.

CULTURE

Choisissez d'abord un endroit bien ensoleillé, car le haricot ne supporte pas le froid. Commencez par griffer et ratisser la terre, car le haricot adore un sol frais et léger. Comme il faut attendre que le sol soit suffisamment réchauffé, faites les premiers semis à la Saint-Didier, soit le 23 mai, puis ensuite en bonne période lunaire. Faites des petits sillons à la serfouette de 3 à 4 cm de profondeur, espacés de 40 cm pour les nains et 60 cm pour les haricots à rames. Arrosez les rangs avant de semer en poquets de 5 à 6 graines tous les 30 cm environ pour les nains et 10 cm pour les rames. Maintenez toujours un sol humide. Quand les plants atteignent 15 cm de haut, commencez à butter les rangs pour éviter qu'ils se couchent par grand vent. Comptez environ 2 mois de culture pour récolter de beaux haricots. Attention aux limaces, elles se régalent des tendre semis !

MALADIES ET PARASITES

L'anthracnose est la maladie la plus fréquente du haricot : elle se traduit par des taches brunes sur les gousses, les tiges et les feuilles. La lutte doit être préventive : tout d'abord, choisissez des variétés résistantes, puis faites attention aux rotations de culture ; surtout, n'arrosez pas le

feuillage. Si les pucerons apparaissent avant la récolte, pulvérisez tous les 5/6 jours une solution de savon noir (150 g par litre d'eau). Sachez que les pucerons anéantissent petit à petit les plants de haricots, donc ne négligez pas le traitement en préventif. Finalement, avec un peu d'attention et de soin, les haricots ne sont pas trop difficiles à cultiver.

PRINCIPALES VARIÉTÉS

Les variétés de haricots verts sont si nombreuses qu'on ne peut pas toute les énumérer. Certaines ont ma préférence, comme le *Talisman*, extra et sans fil, mais qui se couche facilement, ou encore l'*Aiguillon*, exquis et fondant, et le célèbre *Triomphe de Farcy*.

Le *Marie-Louise* est un haricot à rame de grande qualité gustative. L'originalité nous portera sur le haricot filet nommé *Kilomètre*, qui peut atteindre 80 cm de longueur.

Les variétés de haricots à écosser sont tout aussi nombreuses : je retiendrais le *Flageolet de Touraine* aux grains verts et délicieux, le *Michelet*, le *Coco blanc*, et l'excellent *Coco de Paimpol* à grains blancs et presque ronds.

RÉCOLTE ET CONSERVATION

Cueillez les haricots verts tôt le matin ou tard le soir. Effectivement, en pleine chaleur vous risquez de les casser et d'abîmer les plants, ce qui endommagerait la récolte. Consommez-les aussitôt ou mettez-les en conserve après les avoir équeutés et blanchis 2 min. Stérilisez les bocaux préalablement ébouillantés pendant 1 h 45. Une fois les haricots blanchis vous pouvez également les mettre en sacs pour la congélation. Écossez les haricots en grains, puis ensachez-les avant de les mettre au grand froid. Ensuite, vous pouvez les cuisiner à votre goût sans les décongeler. Consommez-les dans les 6 mois après la congélation.

LE + SANTÉ

Les haricots verts sont riches en fibres donc très efficaces en cas de paresse intestinale. Ils sont plus riches en protéines que la plupart des légumes frais. Très pourvu en vitamines, le haricot parvient à couvrir une bonne partie des besoins quotidiens, notamment en vitamines C et A. Mais attention : ne les faites pas trop cuire, vous éviterez ainsi de voir ces précieux nutriments disparaître pendant la cuisson.

Le haricot blanc est recommandé dans l'alimentation des diabétiques et le régime minceur. Ses fibres abondantes sont bénéfiques contre le cholestérol. Pour éviter que les haricots blancs durcissent pendant la cuisson, la seule solution est d'utiliser de l'eau non calcaire, comme l'eau de source en bouteille.

Salade de haricots blancs aux concombres

PRÉPARATION ET CUISSON : 20 min

INGRÉDIENTS : *700 g de haricots blancs, 2 concombres, 4 cuill. de sauce soja, 3 cuill. d'huile d'arachide, 3 cuill. d'huile de noix, 2 cuill. de vinaigre balsamique, 80 g d'échalotes, 1 poivron rouge, sel fin, poivre du moulin*

PRÉPARATION : Cette recette est idéale pour un reste de haricots blancs. Commencez par les rincer et les égoutter sur un papier absorbant. Hachez les échalotes. Coupez les concombres dans le sens de la longueur, épépinez-les et coupez-les en fines lamelles comme des allumettes. Faites griller le poivron pour pouvoir plus facilement éliminer la peau. Coupez-le en deux, ôtez les pépins, et coupez-le en fines lamelles. Dans une terrine, mélangez tous les légumes. Faites une sauce avec le vinaigre, les huiles, la sauce soja, les échalotes et l'assaisonnement. Mélangez l'ensemble délicatement et servez bien frais.

Clafoutis de haricots verts à la fourme d'Ambert

PRÉPARATION ET CUISSON : 1 h

INGRÉDIENTS : *500 g de haricots verts, 300 g de pâte brisée, 100 g de lardons, 200 g de fromage blanc, 40 cl de lait, 2 cuill. de farine, 5 œufs entiers, 80 g de fourme d'Ambert, sel fin, poivre, muscade*

PRÉPARATION : Mettez les lardons à sec dans une poêle, et faites-les revenir quelques minutes. Préchauffez le four sur th. 6. Équeutez et cuisez les haricots verts à la vapeur pendant 15 à 20 min. Étalez la pâte brisée et foncez un moule à tarte, puis piquez le fond avec une fourchette. Mettez les lardons et les haricots verts. Dans le bol du mixeur, versez le fromage blanc, le lait, les œufs, la farine, la fourme d'Ambert et l'assaisonnement. Mixez l'ensemble correctement et versez cette préparation sur la garniture de haricots verts. Enfournez et laissez cuire 45 min environ. Servez chaud avec une salade verte.

Gâteau de haricots blancs

PRÉPARATION ET CUISSON : 50 min

INGRÉDIENTS : *200 g de haricots blancs, 100 g d'emmental râpé, 200 g de jambon, 30 g de beurre, 1 cuill. de persil haché, 5 œufs entiers, 30 cl de crème fraîche, 4 cuill. de chapelure, sel fin, poivre, paprika*

PRÉPARATION : C'est également une recette parfaite pour un reste de haricots blancs. Commencez par les rincer et les égoutter sur un papier absorbant, puis coupez le jambon en petits dés. Préchauffez le four sur th. 7. Beurrez un moule à tarte et répartissez la chapelure uniformément. Dans un saladier, mettez les œufs avec la crème fraîche, le sel, le poivre, le paprika et le persil haché. Fouettez correctement afin d'avoir une bonne onctuosité. Versez cet appareil très délicatement sur la croûte de chapelure. Éparpillez sur la surface les haricots blancs et les dés de jambon, puis saupoudrez de fromage râpé. Enfournez pendant 30 min. Vérifiez la cuisson avant de démouler et servez chaud avec une salade frisée aux croûtons aillés.

Haricots verts aux trois fromages

PRÉPARATION ET CUISSON : 25 min

INGRÉDIENTS : *700 g de haricots verts, 200 g de lardons fumés, 16 tomates cerises, 100 g de gruyère, 100 g de gouda, 100 g de mimolette, 2 cuill. de vinaigre de vin, 4 cuill. d'huile de noix, 2 cuill. de persil haché, sel fin, poivre noir*

PRÉPARATION : Équeutez et cuisez les haricots verts à la vapeur pendant 15 min, puis rafraîchissez-les et égouttez-les correctement. Dans un poêlon, faites revenir les lardons quelques minutes. Mettez-les dans un saladier avec les haricots verts, ajoutez tous les cubes de fromage, le persil haché et les tomates cerises coupées en deux. Préparez la vinaigrette et nappez-en la salade composée ; dégustez bien frais.

LA LAITUE

Lactuca sativa

- Famille des astéracées
- Origine : Europe méridionale
- 15 calories pour 100 g
- La laitue apprécie le voisinage de la carotte, de l'oignon et de la betterave.
- Semez en lune décroissante.

Le conseil du jardinier

Plantez les laitues entre les plants de tomates : ainsi, elles seront abritées du soleil. Cela évite une trop rapide montée en graine, à condition bien sûr de traiter les tomates avec des produits biologiques.

HISTOIRE

On a trouvé des traces de laitue dans certaines tombes égyptiennes datant de 4 500 ans. La laitue sauvage poussait sur de longues tiges qui, une fois entaillées, laissaient couler un suc blanchâtre. Ce liquide ressemblait à du lait et endormait les enfants, tout comme le lait chaud. Le nom latin de la laitue, lactuca, est d'ailleurs lié à cette image. Très appréciée par les Romains, elle était alors consommée pour préparer les estomacs à des prouesses gargantuesques. En modifiant et en croisant les plantes, les agriculteurs romains réussirent à obtenir une laitue sans tige, avec de grandes feuilles larges : la laitue romaine était née. La Quintinie, agronome français, la fit bien plus tard apprécier à Louis XIV, qui la dégustait tous les jours en salade, parsemée de violettes. De nos jours, elle a trouvé sa place avant le fromage, pour pouvoir digérer avant l'avalanche des desserts.

CULTURE

La laitue fait partie du paysage dans tous les potagers. Elle apprécie une situation ensoleillée, une bonne humidité et une terre bien fertile. D'une manière générale, les laitues sont semées en pépinière ou sur place, dans des sillons de 1 cm de profondeur. La levée doit être rapide, entre 3 à 6 jours maximum. Dans un premier cas de figure, faites un repiquage à 25 cm en tous sens quand les pieds auront 4 feuilles. Il est important de ne pas repiquer trop profond, et surtout de ne pas enterrer le collet. Une autre méthode consiste à repiquer en mottes quand les plants ont 2 feuilles ; ensuite, mettez-les en place normalement, à 4 feuilles. Cette méthode permet une meilleure reprise. Plantez des salades tous les 15 jours : de cette façon, vous n'en manquerez pas et surtout vous éviterez la perte. Sachez que les salades sont bonnes à être dégustées toutes en même temps, donc plantez moins mais plus souvent.

MALADIES ET PARASITES

Le mildiou et le botrytis, genre de pourriture grise, peuvent apparaître, surtout sous les châssis. Dans ce cas, faites disparaître les plants infectés. Aérez et limitez les arrosages pour tenter d'éliminer la maladie. Faites attention aux taupins, ce fameux « fil de fer » qui attaque la laitue par la racine. On s'en aperçoit, hélas trop tardivement, quand le pied commence à flétrir. Prévoyez quelques pièges pour écarter les limaces très gourmandes de bonnes feuilles de laitue.

PRINCIPALES VARIÉTÉS

Chaque saison a ses variétés de laitues : au printemps, la *Divina*, l'*Appia*, la *Reine de Mai*, la *Sangria* restent les meilleures ; en été et automne, l'*Iceberg Nabucco*, l'*Augusta*, la *Merveille des quatre saisons*, la *Supermarket* ; en hiver, la *Rougette de Montpellier*, la *Merveille d'hiver*, et aussi la *Passion Thomas*. Parmi les laitues à couper, la plus connue reste la *Feuille de chêne* verte ou rouge.

RÉCOLTE ET CONSERVATION

Récoltez les laitues lorsqu'elles arrivent à maturité et avant qu'elles montent en graine. En cas de récolte excessive, blanchissez-les et égouttez-les en les pressant pour éliminer toute l'eau de végétation avant de les congeler. Les variétés à couper donnent plusieurs récoltes successives : pour cela, coupez-les 1 cm au-dessus du collet.

LE + SANTÉ

Grâce à sa richesse en eau, la laitue est apéritive et très rafraîchissante, et c'est l'un des végétaux frais les moins énergétiques. Elle contient – du moins si elle vient du jardin – des vitamines, des minéraux et des oligo-éléments, mais aussi de l'iode, du nickel, du magnésium et du cuivre. Ses fibres sont abondantes et bien tolérées ; le cœur de laitue braisé peut être consommé même par des personnes ayant un système digestif fragile. Il existe dans le suc de la laitue un principe actif amer, la lactucine, qui possède des propriétés calmantes et sédatives.

Salade vosgienne

PRÉPARATION ET CUISSON : 20 min

INGRÉDIENTS : *1 belle laitue, 30 croûtons, 20 g de beurre, 6 œufs, 150 g de lardons fumés, 4 cuill. de vinaigre balsamique, 1 cuill. de moutarde, 6 cuill. d'huile de noix, sel et poivre du moulin*

PRÉPARATION : Commencez par préparer la salade composée en mettant tous les ingrédients. Dans une poêle, mettez le beurre à fondre pour faire revenir les lardons. Préparez la vinaigrette avec la moutarde. Cassez les œufs dans une tasse. Dans un poêlon, faites frémir de l'eau vinaigrée pour mettre les œufs à pocher pendant 4 min. Ensuite, approchez la tasse de la surface et retournez-la d'un coup sec. Faites la même chose avec la seconde et ainsi de suite. À l'aide d'une écumoire, ramenez tout au long de la cuisson les filaments de blanc autour du jaune afin qu'ils s'agglomèrent. Au bout de 3 min, retirez les œufs avec l'écumoire et posez-les sur un linge. Mettez la salade sur des assiettes, ajoutez la garniture et l'œuf poché. Nappez de sauce vinaigrette avant de servir.

Pain de laitue sauce citron

PRÉPARATION ET CUISSON : 1 h

INGRÉDIENTS : *3 laitues, 450 g de pommes de terre, 4 œufs entiers, 40 cl de crème fraîche, 2 citrons jaunes, sel fin, poivre du moulin*

PRÉPARATION : Coupez et cuisez les pommes de terre en dés. Lavez les laitues, blanchissez-les très rapidement, puis égouttez-les. Beurrez des ramequins et tapissez-les avec de belles feuilles de laitue. Hachez le reste de salades. Préchauffez le four sur th. 6/7. Dans un saladier, battez les œufs avec les trois quarts de la crème fraîche, et ajoutez l'assaisonnement puis le hachis de salade ainsi que les dés de pommes de terre. Répartissez l'appareil dans les ramequins puis posez-les dans un bain-marie. Enfournez pendant 40 min. Pendant ce temps, faites chauffer le reste de crème fraîche avec le jus de citron et l'assaisonnement. Après la cuisson, démoulez et servez avec un poisson poché accompagné de la sauce citron.

Velouté de laitue parfumé au cerfeuil

PRÉPARATION ET CUISSON : 40 min

INGRÉDIENTS : *3 laitues, 2 oignons, 80 g de beurre, 450 g de pommes de terre, 15 cl de crème fraîche, 2 jaunes d'œuf, 1 l de bouillon de volaille, gros sel, poivre du moulin*

PRÉPARATION : Nettoyez les laitues et coupez-les en chiffonnade. Faites revenir au beurre sans coloration les oignons hachés très finement. Ajoutez la salade et laissez cuire quelques minutes avant d'ajouter les pommes de terre coupées en dés. Mouillez avec le bouillon de volaille et laissez cuire 20 min. Préparez la liaison ; pour cela, mélangez les jaunes d'œuf avec la crème fraîche.

En fin de cuisson, mixez le velouté le plus finement possible puis versez la liaison en fouettant correctement. Rectifiez l'assaisonnement, servez aussitôt avec quelques pluches de cerfeuil en surface.

Salade auvergnate

PRÉPARATION ET CUISSON : 30 min

INGRÉDIENTS : *300 g de salade, 300 g de fourme d'Ambert, 300 g de saucisses sèches d'Auvergne, 300 g de champignons de Paris, 18 cerneaux de noix, 1 gousse d'ail, 12 tomates cerises, 12 tranches de pain rassis, 1 cuill. d'huile d'olive*

<u>Sauce</u> : *½ cuill. de moutarde, 3 cuill. de vinaigre de vin, 4 cuill. d'huile de noix, 1 cuill. d'huile de tournesol, jus d'½ citron, sel fin et poivre du moulin*

PRÉPARATION : Épluchez, lavez la salade et coupez-la en chiffonnade. Nettoyez soigneusement les champignons puis émincez-les finement, et arrosez-les avec le jus de citron pour éviter qu'ils noircissent. Détaillez la fourme d'Ambert en lamelles, coupez la saucisse sèche en tranches minces et tranchez les tomates cerises en deux. Dans une bassine, mélangez tous les ingrédients de la salade. Frottez les tartines de pain sur les deux faces avec l'ail, arrosez-les d'un filet d'huile d'olive puis mettez sous le gril du four 2 à 3 min. Dans un bol, préparez la sauce en émulsionnant tous les éléments. Dressez les assiettes bien en harmonie avec les couleurs, puis versez délicatement la sauce. Posez une tranche de pain grillée et aillée sur le bord de l'assiette et servez bien frais sans plus attendre.

LA MÂCHE

Valerianella olitoria

- Famille des valérianacées
- Origine : Bassin méditerranéen
- 18 calories pour 100 g
- Semez les mâches auprès des poireaux ou des choux.
- Semez en lune décroissante.

Le conseil du jardinier

Étalez une toile de jute sur toute la surface semée ou protégez le sol avec les feuilles de haricots fraîchement arrachées afin de protéger les graines du soleil et d'éviter une évaporation trop rapide.

HISTOIRE

Surnommée aussi « doucette », « gallinette » ou « oreille de lièvre », la mâche est cultivée en France, sur les bords de la Loire, depuis la Renaissance. On la trouve notamment représentée dans une peinture de Léonard de Vinci, *La Léda et le Cygne*, aujourd'hui disparue. Elle poussait naguère dans les blés. Il nous arrive de la voir au cours de nos balades hivernales. Jusqu'au XVIIe siècle, on se contentait de la ramasser au bord des chemins, comme le pissenlit, sans la cultiver.

CULTURE

Contrairement aux autres légumes, la mâche se contente d'un sol peu travaillé, mais frais. Ne bêchez donc pas le sol avant de la mettre en culture. Alors, quand une planche de haricots verts se libère, arrachez les pieds et griffez le sol avec un râteau pour éliminer les mauvaises herbes. Semez la mâche en place sur des sillons larges de 5 cm et espacés de 20 cm en tous sens ; enterrez à peine les graines. Tassez le sol avec le plat du râteau puis arrosez copieusement. Vérifiez la levée et quand les mâches commencent à apparaître, ôtez les protections pour ne pas qu'elles s'étiolent. Ensuite, leur culture ne demande pratiquement plus de soin, hormis le désherbage manuel et les arrosages réguliers.

MALADIES ET PARASITES

La fonte des semis est souvent due à un excès d'humidité. L'oïdium et la rouille sont les principales maladies de la mâche. Semez-la après les grosses chaleurs pour éviter le « blanc ».

PRINCIPALES VARIÉTÉS

À part le type sauvage que l'on peut récolter ici et là, la mâche a reçu une amélioration importante quant à sa résistance aux maladies. Quelques variétés restent incontournables, comme la *Ronde maraîchère*, la *Verte de Cambrai*, la *Coquille de Louvier* et aussi la *Verte d'Étampes*.

RÉCOLTE ET CONSERVATION

La mâche se récolte à l'automne jusqu'au printemps suivant avant la montée en graine. Récoltez au fur et à mesure des besoins et de leur maturité. Attention : les mâches ne se conservent qu'une dizaine de jours en bas du réfrigérateur. Par contre, elles ne craignent pas le gel. Juste une seule chose : couvrez-les pour éviter les brûlures causées par la neige.

LE + SANTÉ

Les fibres de mâche sont abondantes, et suffisamment tendres pour en faire une crudité agréable et bien supportée, même par des intestins délicats. Excellente source de vitamines, la mâche est en outre totalement dépourvue d'acide oxalique, et peut donc être consommée par des personnes souffrant de calculs oxaliques ou de goutte.

Salade de mâches et d'oseille aux œufs de caille

PRÉPARATION ET CUISSON : 20 min

INGRÉDIENTS : *200 g d'oseille jeune, 200 g de mâches, 18 œufs de caille, 150 g de champignons de Paris, 1 citron, 1 oignon, 1 botte de radis, 4 cuill. de cerfeuil, 150 g de lard maigre en fines tranches, 6 cuill. d'huile d'olive, sel fin, poivre du moulin*

PRÉPARATION : Cuisez les œufs de caille 4 min à l'eau bouillante, rafraîchissez-les à l'eau froide avant de les écaler. Essuyez, émincez les champignons de Paris, mettez le zeste de citron et arrosez avec le jus de citron et l'huile d'olive, puis assaisonnez correctement. Coupez l'oignon en très fines rondelles ainsi que les radis. Coupez la poitrine et cuisez-la sans matière grasse dans une poêle antiadhésive. Mélangez l'oseille, les mâches, l'oignon, les radis, le cerfeuil et les champignons assaisonnés. Dressez la salade sur les assiettes et terminez par le lard et les œufs de caille. Servez aussitôt avec quelques tartines de pain grillées.

Feuilletés de saint-marcellin chaud sur lit de mâches

PRÉPARATION ET CUISSON : 20 min

INGRÉDIENTS : *6 croûtes feuilletées, 3 saint-marcellin affinés, 400 g de mâches, 5 cuill. d'huile de noix, 3 cuill. de vinaigre balsamique, 80 g de cerneaux de noix, ½ botte de ciboulette, sel fin, poivre du moulin*

PRÉPARATION : Préchauffez le four sur th. 6. Ciselez les fines herbes. Coupez les fromages en deux dans l'épaisseur. Ôtez les capuchons des bouchées puis incorporez une moitié de saint-marcellin dans chaque feuilleté. Enfournez durant 20 min. Pendant ce temps nettoyez et essorez les mâches. Dans un saladier, émulsionnez le vinaigre avec l'huile de noix, assaisonnez. Dressez les assiettes avec la salade de mâches. Ajoutez les cerneaux de noix et les fines herbes. Lorsque les croûtes sont chaudes et le saint-marcellin coulant, disposez-les sur chaque assiette de mâches. Servez aussitôt sans plus attendre.

LE NAVET

Brassica napus

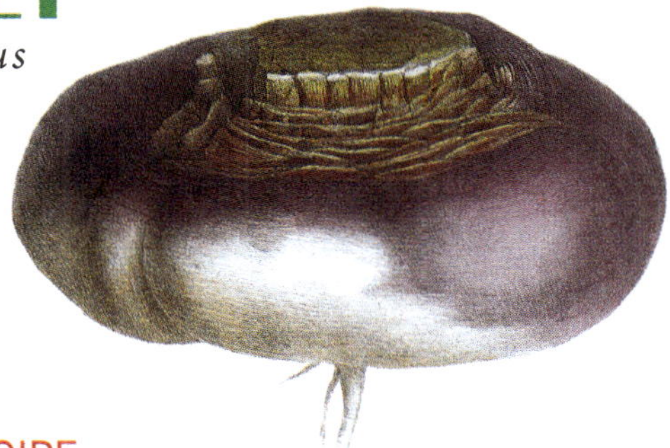

HISTOIRE

Les origines du navet ne sont pas très bien définies, mais il semblerait qu'il soit natif d'Europe de l'Est, bien que l'Asie centrale et l'Inde aient vu naître d'autres plantes appartenant à la même famille. Alors, nous sommes dubitatifs sur le sujet. Ce qui est sûr, en revanche, c'est que le navet, comme la plupart des racines comestibles, a été consommé par l'homme dès la Préhistoire. François Rabelais appréciait énormément le ragoût de navet. Celégume a été un aliment très convoité en Europe jusqu'au XVIIIe siècle, notamment en périodes de restriction. Il a ensuite été détrôné par la pomme de terre, et est toujours aujourd'hui assez peu consommé.

CULTURE

Dès le début du printemps, préparez le sol afin d'avoir un terrain ameubli et frais. Un compost bien décomposé sera apprécié par cette plante herbacée, cultivée pour sa racine charnue. Commencez par creuser des sillons d'une profondeur de 2 cm et 20 cm entre les rangs. Semez légèrement, recouvrez et tassez le sol avec le dos d'un râteau. Arrosez copieusement. Utilisez la même méthode pour les navets d'hiver ; par contre, le semis se fait fin juillet. Au bout d'une dizaine de jours, commencez à éclaircir dès que les plants ont 3 feuilles, de façon à laisser un plant tous les 10 cm. Arrosez assez souvent pour ne pas laisser s'installer la sécheresse. Faites un binage régulièrement pour réduire l'arrosage et éliminer les adventices. La culture est de 2 mois pour les espèces printanières et au minimum de 3 mois pour la récolte hivernale.

- Famille des brassicacées
- Origine : Europe de l'Est
- 20 calories pour 100 g
- Le navet apprécie toutes les cultures voisines, et plus particulièrement celle des laitues et des tomates qui agissent contre les altises.
- Semez en lune décroissante.

Le conseil du jardinier

Attention, ne laissez jamais la terre se dessécher : arrosez copieusement durant les mois les plus chauds.

MALADIES ET PARASITES

Le mildiou, la rouille, la hernie et la pourriture noire sont les principales maladies du navet. L'altise est la grande ennemie du navet. Pour la combattre efficacement, installez entre les rangs des plantes qui la repoussent comme l'absinthe, le fenouil ou bien encore des pieds de tomates. Attention aussi à la piéride, à la mouche du navet et bien sûr aux puces des légumes, qui font des petits trous dans le feuillage, produisant des dommages importants.

PRINCIPALES VARIÉTÉS

Les variétés sont différentes selon la saison. Pour une récolte printanière, choisissez la racine longue et blanche du *Croissy* ou le *Market Express*, petit navet blanc qui arrive à maturité 40 jours après son semis, ou encore le Violet plat classique. Pour une conservation hivernale, mieux vaut le *Violet de Nancy* ou le *Blanc d'Auvergne*.

RÉCOLTE ET CONSERVATION

Au printemps, consommez les navets au fur et à mesure des besoins. En hiver, arrachez-les puis coupez les feuilles 1 cm au-dessus du collet. Mettez-les en silo en alternant une couche de sable et une rangée de navets, comme on le fait pour les carottes, puis laissez-les dans le noir le plus complet possible. Les navets produisent des feuilles blanches dans l'obscurité, que vous pouvez consommer mélangées avec une salade.

LE + SANTÉ

Le navet renferme un large éventail de vitamines C et a une tenue incontestable en vitamines B indispensables au bon fonctionnement du système nerveux. Il est également riche en minéraux et en oligo-éléments. Sa teneur en fibres est modérée, mais il s'agit pour l'essentiel de fibres insolubles, qui stimulent efficacement les intestins. Pour améliorer la tolérance des navets, choisissez-les jeunes puis blanchissez-les à l'eau bouillante avant de les cuire à votre façon.

Tourte aux navets, au fromage de chèvre et à la fleur de thym

PRÉPARATION ET CUISSON : 50 min

INGRÉDIENTS : *400 g de pâte feuilletée, 300 g de navet tendre, 200 g de fromage de chèvre, 20 g de beurre, 1 cuill. de miel, 2 cuill. de fleur de thym*

PRÉPARATION : Épluchez et émincez les navets en tranches, faites-les cuire 10 min dans de l'eau salée, puis égouttez-les sur un papier absorbant. Préchauffez le four sur th. 7. Pendant ce temps, mélangez dans une casserole sur feu doux le miel avec le beurre fondu. Étalez et foncez un moule à tarte préalablement beurré avec la moitié de la pâte feuilletée. Piquez le fond avec une fourchette et badigeonnez-le avec un blanc d'œuf pour faire une protection contre l'humidité. Tapissez-le également de tranches de fromage de chèvre, et disposez dessus les navets en rosace. Versez la préparation au miel et saupoudrez de fleurs de thym. Étalez une seconde abaisse de pâte feuilletée et posez-la sur la tourte en pinçant convenablement les bords. Faites une cheminée centrale, dorez la tourte aux jaunes d'œuf et décorez-la avec la pointe d'un couteau. Enfournez pour 30 min environ. Servez avec une salade de crudités par exemple.

Navets farcis à la viande d'agneau

PRÉPARATION ET CUISSON : 50 min

INGRÉDIENTS : *18 beaux navets, 400 g d'agneau cuit, 1 botte de ciboulette, 50 g de beurre, 50 g de sucre, sel fin, poivre noir du moulin*

PRÉPARATION : Épluchez et cuisez les navets à l'eau bouillante pendant 20 min. Ensuite, à l'aide d'une petite cuillère, creusez les navets sans les percer. Hachez un reste de gigot ou d'épaule d'agneau, puis ajoutez la pulpe de navet ainsi que la ciboulette ciselée. Assaisonnez et mélangez correctement. Préchauffez le four sur th. 6. Garnissez les navets et rangez-les dans un plat beurré. Posez un papier aluminium sur le dessus et mettez au four durant 20 min. Ensuite, mettez le four en position gril, saupoudrez les navets de sucre et laissez caraméliser quelques instants. Servez chaud, comme des tomates farcies, avec un peu de riz et quelques feuilles de salade parfumées à l'huile d'olive.

Soufflé aux navets parfumé aux épices

PRÉPARATION ET CUISSON : 50 min

INGRÉDIENTS : *500 g de navets, 45 g de beurre, 45 g de farine, 25 cl de lait, 3 jaunes d'œuf, 5 blancs d'œuf, 1 cuill. de feuille de coriandre, ½ cuill. de cumin, ¼ cuill. de gingembre en poudre, sel et poivre du moulin*

PRÉPARATION : Beurrez et farinez un moule à soufflé et préchauffez le four sur th. 7. Épluchez et cuisez les navets à la vapeur pendant 15 min. Ensuite, écrasez-les à la fourchette pour faire une purée puis desséchez-la sur feu doux. Préparez la béchamel en faisant un roux avec le beurre et la farine. Versez le lait chaud et fouettez sans cesse pour éviter les grumeaux. Hors du feu, ajoutez les jaunes d'œuf, l'assaisonnement et les épices. Montez les blancs en neige bien ferme, puis incorporez-les délicatement à la préparation.

Garnissez le moule à soufflé avec l'appareil, et enfournez environ 30 min. Vérifiez la cuisson avec la pointe d'un couteau fin. Servez aussitôt avec une belle salade frisée garnie de croûtons de pain légèrement aillés.

Aiguillettes de canard aux navets glacés

PRÉPARATION ET CUISSON : 50 min

INGRÉDIENTS : *3 beaux magrets de canard, 1 kg de petits navets ronds, 100 g de beurre, 2 cuill. de sucre en poudre, sel, poivre du moulin*

PRÉPARATION : Pelez les navets et faites-les cuire 15 min à la vapeur. Ensuite, coupez-les en dés. Faites chauffer le beurre dans une sauteuse, ajoutez les navets, l'assaisonnement, et laissez cuire doucement pour que les navets deviennent transparents, sans aucune coloration, pendant 20 min environ. Saupoudrez de sucre en augmentant le feu pour caraméliser durant une dizaine de minutes. Laissez au chaud. Faites quelques incisions sur la peau des magrets jusqu'à la chair. Posez les magrets côté peau dans une poêle chaude pendant 6 min. Ôtez la graisse et remettez les magrets sur le feu côté chair pendant 4 min. Assaisonnez et couvrez, laissez la viande au repos 2 min avant de la couper en aiguillettes. Dressez les aiguillettes de canard sur des assiettes chaudes et ajoutez la garniture de navets glacés. Décorez de deux brins de ciboulette, et servez aussitôt.

L'OIGNON

Allium cepa

- Famille des liliacées
- Origine : Asie centrale
- 40 calories pour 100 g
- Il apprécie la carotte comme voisin de culture, par contre évitez la pomme de terre et les haricots, il déteste ça...
- Semez en lune décroissante.

Le conseil du jardinier

L'oignon fait pleurer lorsqu'on le coupe, pourquoi ? En le tranchant, on active une enzyme qui réagit à l'air et crée du sulfate d'allyle très volatile.

HISTOIRE

Plante de la même famille que le lys, l'ail ou l'asperge, l'oignon est cultivé depuis la plus haute antiquité. Les Égyptiens en mettaient dans les tombeaux afin que le défunt ne manque de rien dans le royaume des morts. Selon les Grecs, il possédait de grandes vertus thérapeutiques. Depuis le Moyen Âge, l'oignon est le roi de la cuisine en Europe. Dans les pays méditerranéens, on en consomme des variétés douces, principalement crues. C'est la plante potagère de la famille des alliacées qui est la plus consommée encore aujourd'hui. Les pelures qui entourent l'oignon ont en effet aidé plusieurs générations à prévoir les rudes hivers. Et comme le dit le proverbe : « Oignon bien habillé, verra forte gelée. »

CULTURE

À la mi-mars, préparez le terrain car l'oignon affectionne les terres légères et bien drainées. Le soleil est indispensable à la bonne croissante des bulbes. L'arrosage, contrairement à d'autres plantes, sera réduit au strict minimum afin de limiter la pourriture des bulbes, juste pendant la période de germination. Tracez des rangs espacés de 30 cm entre les lignes et profonds de 2 cm. Vous pouvez semer les graines pour éclaircir à la levée en laissant 4 cm entre chaque plant, avant d'éclaircir à nouveau 15 jours plus tard en laissant 8 cm. Le deuxième éclaircissage ne concerne

pas les oignons blancs. Une autre solution, plus simple, consiste à planter des bulbes tous les 6/8 cm sans problème d'éclaircissement. En fin de culture, couchez le feuillage pour accélérer la maturation. Environ 2 semaines avant la récolte, dégagez la terre autour du bulbe en prenant soin de laisser les racines bien en terre. Ceci a pour effet de faire grossir l'oignon.

MALADIES ET PARASITES

La fonte des semis est souvent due à un excès d'humidité. Le mildiou, le charbon, la rouille sont les principales maladies. La mouche et le thrips de l'oignon en sont les parasites essentiels.

PRINCIPALES VARIÉTÉS

On recense deux catégories d'oignon, le blanc et le coloré. Le *Blanc hâtif de Paris* est le plus connu et le plus résistant au froid, et se plante en automne. Les variétés d'oignons jaunes comportent le *Jaune paille* ou l'*Oignon de Mulhouse*, plat et productif, ainsi que le *Flinstone*, rond et délicieux. Le meilleur oignon rouge à ma connaissance reste l'*Oignon de Florence*, doux et sucré, mais bien d'autres variétés existent dans toutes les jardineries.

RÉCOLTE ET CONSERVATION

Arrachez les oignons en tirant un coup sec à la base du feuillage. Laissez-les sécher quelques jours dans un endroit sec et ventilé. Ensuite, faites des bottes d'une dizaine d'oignons que vous suspendrez dans un endroit sec et bien aéré. Vous pouvez couper les fanes pour les stocker dans des cageots. Les oignons supportent la congélation ; pour cela, épluchez-les et émincez-les avant de les congeler. Cette formule évite la perte des oignons qui commencent à s'abîmer.

LE + SANTÉ

Voilà un aliment qui devrait être indispensable à notre nutrition, car là où passe l'oignon, les rhumatismes trépassent. Sa richesse principale provient du potassium et de la vitamine C. Pour rafraîchir votre haleine après avoir mangé un peu d'oignon, mâchez quelques brins de persil ou de menthe.

Coques d'oignons farcies aux légumes

PRÉPARATION ET CUISSON : 2 h

INGRÉDIENTS : *6 oignons rouges, 200 g de courgettes, 200 g de tomates, 200 g de poivrons, 100 g d'aubergines, 10 cl d'huile d'olive, 1 bouquet garni, 3 œufs entiers, sel fin, poivre du moulin*

PRÉPARATION : Préparez et coupez en dés les courgettes, les tomates, les aubergines et les poivrons. Épluchez les oignons et mettez-les à l'eau froide, puis portez à ébullition et faites cuire 10 min maximum. Ensuite, évidez les oignons, en commençant par le centre pour ne garder que la dernière épaisseur qui servira de coque, puis hachez-les. Dans une cocotte, mettez l'huile d'olive et le hachis d'oignon, ensuite laissez revenir quelques minutes puis ajoutez les légumes coupés en dés, le bouquet garni et l'assaisonnement. Faites cuire 30 min à couvert, puis 10 min sans couvercle en remuant de temps en temps. Préchauffez le four sur th. 5. Mixez l'ensemble puis ajoutez les œufs et vérifiez l'assaisonnement. Garnissez les coques d'oignon, et disposez-les dans un plat beurré. Enfournez et laissez cuire à feu doux pendant 1 h 15. Servez avec de la viande rôtie (épaule d'agneau, faisan ou pintade).

Compote d'oignons rouges aux aromates

PRÉPARATION ET CUISSON : 1 h 30

INGRÉDIENTS : *1,5 kg d'oignons rouges, 2 tomates, 50 g de sucre, 25 g de miel, 10 cl d'huile d'olive, 15 cl de vieux vinaigre, 2 pincées de coriandre, 150 g de raisins de Corinthe, 20 cl de vin blanc sec, 30 g de gingembre, sel fin, poivre, sauge, laurier*

PRÉPARATION : Épluchez et émincez finement les oignons. Émondez les tomates et concassez-les. Dans un sautoir, mettez l'huile d'olive, les oignons et le sucre, puis laissez légèrement caraméliser. Ajoutez le vinaigre, laissez l'évaporation se faire puis versez le vin blanc. Incorporez ensuite les tomates, les raisins, le miel, la coriandre et le gingembre râpé. Assaisonnez puis laisser confire 20 min environ sur feu doux. Vérifiez la cuisson et l'assaisonnement. Servez froid avec un poisson grillé ou sur une tartine de pain de campagne grillée.

Cake aux oignons, lardons et fondue d'épinards

PRÉPARATION ET CUISSON : 1 h 30

INGRÉDIENTS : *150 g de farine, 10 cl d'huile d'olive, 10 cl de lait, 150 g de lardons, 3 oignons, 3 œufs entiers, 150 g d'épinards, 1 sachet de levure, sel et poivre du moulin*

PRÉPARATION : Préparez les épinards et cuisez-les avant de les éponger sur un papier absorbant. Émincez les oignons, puis faites-les dorer à la poêle avec les lardons. Laissez cuire 15 min à feu doux, assaisonnez en fin de cuisson. Dans un saladier, mélangez la farine et les œufs, puis versez le lait, l'huile et la levure, en remuant sans cesse pour éviter les grumeaux, et assaisonnez. Incorporez le mélange d'oignon. Beurrez le moule à cake, versez la moitié de la préparation puis mettez une couche d'épinards avant de finir avec le reste de pâte. Mettez au four pendant 45 min. Vérifiez la cuisson à l'aide d'une lame de couteau : si celle-ci ressort sèche, le cake est cuit. Servez froid avec quelques feuilles de salade.

Confiture d'oignons

PRÉPARATION ET CUISSON : 1 h 30

INGRÉDIENTS : *1 kg d'oignons, 100 g de sucre, 100 g de miel, 100 g de beurre, 20 cl de vin rouge, 15 cl de vinaigre de Xérès, sel fin, poivre noir*

PRÉPARATION : Émincez les oignons finement. Dans une cocotte, mettez le beurre et les oignons émincés, assaisonnez et laissez cuire 20 min. Ajoutez le sucre, le miel, le vin, le vinaigre de Xérès. Faites cuire à découvert pendant 1 h jusqu'à évaporation complète. Pour avoir une belle couleur carmin, mixez une betterave cuite et ajoutez-la avec le vin. Servez avec un rôti de porc ou un cuissot de sanglier rôti.

L'OSEILLE

Rumex

- Famille des polygonacées
- Origine : Proche-Orient
- 25 calories pour 100 g
- Cultivez l'oseille en plates-bandes, mais elle doit être mise à l'écart des autres plantes aromatiques pour éviter de les appauvrir.
- Semez ou plantez en lune décroissante.

Le conseil du jardinier

Supprimez les fleurs dès qu'elles apparaissent en boutons au cours du mois de juin, pour faciliter la pousse du feuillage.

HISTOIRE

L'oseille est appelée *rumex* en latin, ce qui signifie « fer de lance ». L'oseille des prés est spontanée et courante dans la campagne française et dans toutes les zones tempérées. Plante vivace aux feuilles vertes et arrondies, elle ressemble à l'épinard, l'acidité en plus. Elle est très appréciée des Japonais, car ses feuilles, prises en infusion rafraîchissante, purifient le corps en éliminant les toxines. En Asie et en Europe, on connaît d'ailleurs l'oseille depuis des siècles pour ses propriétés médicinales. L'oseille était aussi très appréciée par les Égyptiens et fait toujours partie des traditions de ce pays. Ce n'est qu'au Moyen Âge qu'elle prend une place incontournable dans la cuisine. En Laponie, elle sert de présure, les paysans l'utilisant pour faire du fromage…

CULTURE

Après une première récolte au printemps, les plants d'oseille sont mis au repos en plein été, pour reprendre la production à l'automne. L'oseille aime un sol frais, profond et non calcaire. Plantez-la de préférence en bordure de jardin dans un endroit gardant bien l'humidité. Tous les 3 ou 4 ans, prévoyez la division des pieds. Pour cela, arrachez la souche avec une pelle-bêche, puis tranchez-la en 2 ou 3 morceaux. Ôtez les vieilles racines en mauvais état et plantez les nouveaux pieds bien nettoyés à 30 cm de distance. Arrosez-les copieusement jusqu'à la reprise. Bien évidemment, vous pouvez semer des graines d'oseille dans votre jardin au mois de mars ou d'avril. Une fois que les plants atteignent 3 ou 4 feuilles, éclaircissez-les de façon à ne garder que quelques pieds.

MALADIES ET PARASITES

Attention : les limaces et les escargots sont gourmands des feuilles d'oseille, alors stoppez-les rapidement avant la catastrophe, avec des produits et des techniques dignes d'un jardinier « écolo ». Peu de maladies touchent cette plante : ôtez simplement les feuilles qui commencent à jaunir.

PRINCIPALES VARIÉTÉS

Les variétés d'oseille sont assez minimes. La *Large de Belleville* est la plus répandue avec d'abondantes feuilles vertes et de très grande qualité gustative. L'*Oseille vierge*, à la production régulière toute l'année, est un peu moins acide que les autres variétés. Une autre variété rare, moins acide, nommée *Oseille-Épinard* ou *Patience*, est très agréable en salade, mélangée avec de la laitue.

RÉCOLTE ET CONSERVATION

Coupez les feuilles les plus développées au-dessus du collet. Consommez-les fraîches de différentes manières. En cas de forte production, vous pouvez les congeler. Pour cela, nettoyez-les et triez-les, faites-les fondre à la vapeur 15 min puis égouttez-les 24 h. Faites des boules bien pressées, avant de les congeler sur un plateau. Ensachez-les afin de les stocker 6 mois au maximum. La stérilisation est inutile.

LE + SANTÉ

L'oseille présente un bon apport en fibres, servant de régulateur au transit intestinal. Sa saveur acidulée lui confère des vertus apéritives, favorisant donc la bonne assimilation du repas. L'oseille est aussi très riche en vitamine C, mais attention : ne consommez pas ce légume chargé d'acide oxalique si vous souffrez de coliques néphrétiques ! L'oseille est enfin d'une richesse exceptionnelle en carotènes, ce qui lui confère des vertus pour avoir une peau bien hâlée. Un bon potage d'oseille est ainsi aussi efficace que des gélules pour le bronzage. Incroyable, vous ne trouvez pas

Muffins d'oseille à la feta

PRÉPARATION ET CUISSON : 45 min

INGRÉDIENTS : *200 g d'oseille fraîche, 150 g de feta, 150 g de farine, 1 cuill. de levure chimique, 1 œuf entier, 125 g de yaourt, 2 cuill. d'huile d'olive, sel fin, poivre du moulin*

PRÉPARATION : Équeutez et lavez les feuilles d'oseille à l'eau froide puis essorez-les. Ensuite, cuisez l'oseille à la vapeur quelques minutes, et égouttez-la bien pour extraire l'excédent d'eau de végétation. Hachez l'oseille finement et coupez la feta en petits cubes. Préchauffez le four sur th. 7. Dans un saladier, mettez en fontaine la farine, la levure et l'assaisonnement. Ajoutez l'œuf puis le yaourt, l'huile, la feta et l'oseille. Mélangez les ingrédients sans trop travailler la pâte. Répartissez la préparation dans 6 moules à muffins préalablement beurrés. Enfournez aussitôt pour environ 30 min. Vérifiez la cuisson en enfonçant la lame d'un couteau : elle doit ressortir sèche. Laissez les muffins quelques minutes dans leur moule, puis démoulez-les avant de servir avec des feuilles de salade et de mâche arrosées d'un filet d'huile d'olive.

Quiche à l'oseille et à la mozzarella

PRÉPARATION ET CUISSON : 1 h 30

INGRÉDIENTS : *300 g de pâte brisée, 3 boules de mozzarella, 2 oignons, 20 g de beurre, 20 g de farine, 3 œufs entiers, 300 g d'oseille, 50 cl de lait, sel fin, poivre du moulin, muscade râpée*

PRÉPARATION : Préchauffez le four sur th. 6/7. Équeutez et lavez l'oseille. Émincez les oignons finement. Dans une poêle, faites fondre le beurre à feu doux pour faire blondir la moitié des oignons, puis ajoutez l'oseille et l'assaisonnement, et laissez cuire quelques minutes. Dans le bol du mixeur, mettez les œufs, le lait, la farine et le contenu de la poêle. Mixez l'ensemble et rectifiez l'assaisonnement. Foncez un moule à tarte préalablement beurré, puis piquez le fond avec une fourchette. Éparpillez dans le fond de la tarte le restant d'oignons crus, puis versez la préparation mixée. Posez sur le dessus des rondelles de mozzarella sans les enfoncer. Enfournez pendant 1 h environ. Dégustez la quiche froide ou tiède suivant votre humeur !

Far à l'oseille en croûtes feuilletées

PRÉPARATION ET CUISSON : 1 h 20

INGRÉDIENTS : *6 croûtes feuilletées, 1 kg d'oseille, 3 laitues, 3 oignons, 5 gousses d'ail, 200 g de poitrine fumée, 8 œufs entiers, 10 cl de crème fraîche, 50 g de beurre, sel fin, poivre du moulin*

PRÉPARATION : Triez, lavez l'oseille et la salade, puis coupez l'ensemble en chiffonnade. Épluchez les oignons, émincez-les puis hachez l'ail. Dans une cocotte, mettez le beurre et faites revenir les oignons, l'ail ainsi que la chiffonnade. Assaisonnez et mélangez le tout. Laissez cuire 40 min environ à couvert, puis 10 min sans couvercle pour laisser évaporer l'excédent d'eau. Faites chauffer les croûtes feuilletées au four sur th. 6 pendant 10 min. Dans un saladier, cassez les œufs puis battez avec la crème fraîche et l'assaisonnement. Quelques minutes avant la fin de cuisson, incorporez cette liaison à la première préparation, et mélangez rapidement. Garnissez les croûtes feuilletées avec cette préparation. Servez bien chaud avec une salade verte.

Sauce à l'oseille

PRÉPARATION ET CUISSON : 15 min

INGRÉDIENTS : *2 échalotes, 20 cl de crème fraîche, 40 g de beurre, 350 g d'oseille, 25 cl de vin blanc, sel, poivre du moulin*

PRÉPARATION : Équeutez et lavez l'oseille. Ciselez les échalotes et faites-les revenir dans une casserole avec une noix de beurre. Versez le vin blanc, l'oseille et laissez réduire de moitié. Ajoutez la crème fraîche, l'assaisonnement et laissez épaissir. Mixez l'ensemble et mettez au chaud dans un bain-marie jusqu'au moment de servir. C'est une sauce idéale avec un poisson poché ou grillé.

LE PANAIS

Pastinaca satina

HISTOIRE

Le panais était déjà cultivé au Moyen Âge : il figure en effet parmi la centaine de plantes cultivées dans les monastères. Il était déjà depuis longtemps un légume fort apprécié des Européens : l'empereur Tibère en faisait ainsi venir de la vallée du Rhin et exigeait chaque jour une nouvelle recette. Après l'apparition de la pomme de terre, ce légume fut beaucoup moins consommé. Pendant la guerre, sa racine, facile à torréfier comme celle du scorsonère ou de la chicorée, permettait de fabriquer une boisson chaude ressemblant de très loin au café, devenu rare et très cher. Depuis quelques années, il refait son apparition dans les jardins.

CULTURE

Le panais est une plante à racine blanche et charnue qui adore le soleil. Il apprécie aussi une terre fraîche, profonde et riche. N'hésitez donc pas à améliorer le sol en enfouissant à l'automne un fumier bien décomposé. Le panais se sème légèrement de février à juin en lignes espacées de 35 cm et de 2 cm de profondeur. Recouvrez les semis de terre et tassez avec le dos du râteau, puis arrosez avec une pomme d'arrosoir très fine. La levée dure environ une quinzaine de jours ; pour améliorer la germination, vous pouvez tremper les graines dans l'eau pendant 24 h. Quand les plants ont 3 feuilles, éclaircissez-les tous les 10 cm environ. Aucun soin n'est nécessaire en dehors des arrosages.

MALADIES ET PARASITES

Deux maladies attaquent le panais : l'oïdium, appelé aussi « le blanc », et le mildiou, mais sans causer de ravages importants. Le panais reste en effet un légume très résistant. Attention toutefois à la mouche du panais, qui ressemble à celle de la carotte et provoque des dégâts importants. En cas de maladie, arrachez les racines infectées et brûlez-les si possible.

- Famille des apiacées
- Origine : Bassin méditerranéen
- 75 calories pour 100 g
- Le panais adore le radis comme voisin de culture.
- Semez en lune décroissante.

Le conseil du jardinier

Pensez à pailler les rangs pour garder une bonne humidité durant la culture du panais.

PRINCIPALES VARIÉTÉS

Il existe seulement quelques variétés de ce légume un peu oublié : le *Demi-Long de Guernesey* est le plus classique, avec un bon rendement et une bonne qualité gustative ; le *Rond hâtif* est difficile à trouver, avec sa forme de toupie caractéristique, et plus précoce ; le *Panais de Harris* est réputé pour sa tendresse et sa saveur agréable ; le savoureux *White Gem* a une petite racine bien blanche et s'épanouit idéalement dans les sols lourds ; le *Turga* possède une belle racine fuselée de 30 cm de long environ.

RÉCOLTE ET CONSERVATION

Les panais se récoltent environ 4 mois après le semis. Arrachez-les vers le mois d'octobre et mettez-les en silo dans du sable, comme les carottes. Coupez le feuillage 1 cm au-dessus du collet. Le panais est très rustique : on peut donc le laisser en place tout l'hiver ; toutefois, prévoyez un peu de paille ou des feuilles pour le protéger du grand froid. Une fois épluché et coupé en morceaux, c'est un légume qui supporte parfaitement bien la congélation. Les Anglais le consomment en tarte et les Américains façon chips.

LE + SANTÉ

Le panais est une excellente source d'acide folique. Appelé aussi vitamine B9, l'acide folique joue un rôle essentiel dans la production du matériel génétique (ADN, ARN). On observe aussi chez lui une source importante d'acides aminés nécessaires à la croissance cellulaire, au fonctionnement du système nerveux et du système immunitaire.

Verrine de parmentier de panais au boudin noir et confit de pommes

PRÉPARATION ET CUISSON : 40 min

INGRÉDIENTS : *4 panais, 6 pommes fruits, 15 cl de crème fraîche, 50 g de beurre, 500 g de boudin noir, 50 g de cerneaux de noix, sel, poivre du moulin et muscade*

PRÉPARATION : Tout d'abord, lavez les panais et coupez-les en morceaux, puis cuisez-les 15 min à la vapeur. En fin de cuisson, écrasez-les à la fourchette en incorporant la crème fraîche, l'assaisonnement et une pointe de muscade. Épluchez les pommes et coupez-les en dés. Faites-les cuire dans un poêlon avec une noix de beurre. Pendant ce temps, ôtez la peau du boudin et faites revenir la chair quelques minutes dans une poêle. Dressez les verrines en commençant par une cuillère de panais puis mettez une cuillère de boudin et finissez avec une cuillère de pommes confites. Décorez avec quelques cerneaux de noix. Comme pour tout parmentier, servez avec une salade de mâches parfumée à l'huile d'olive.

Velouté de panais parfumé au miel

PRÉPARATION ET CUISSON : 40 min

INGRÉDIENTS : *4 panais, 1 petit oignon, 1 cuill. d'huile d'olive, 1 l de bouillon de volaille, sel, poivre du moulin, 2 cuill. de miel d'acacia*

PRÉPARATION : Pelez et coupez les panais en rondelles. Faites revenir avec l'huile d'olive l'oignon émincé, puis ajoutez les panais, le bouillon de volaille et l'assaisonnement. Mettez à cuire 30 min. Une fois la cuisson terminée, mixez l'ensemble puis rectifiez l'assaisonnement si besoin. Servez la soupe bien chaude, en rajoutant un trait de miel dans chaque assiette et quelques tranches de pain de campagne grillées.

LE PÂTISSON

Cucurbita pepo

- Famille des cucurbitacées
- Origine : Amérique centrale
- 20 calories pour 100 g
- Le pâtisson déteste la présence des pommes de terre à ses côtés.
- Par contre, il adore toutes les variétés de choux.
- Semez en lune croissante.

Le conseil du jardinier

Faites des semis tous les 15/20 jours de façon à toujours récolter sans avoir ni d'excès ni de manque.

HISTOIRE

Originaires d'Amérique centrale, les courges étaient consommées depuis très longtemps par les Indiens avec du maïs et des haricots. Après la découverte du Nouveau Monde, les Européens en rapportèrent en Europe pour les jardins botaniques. Le terme « pâtisson », qui est apparu au XVIIIe siècle, vient de l'ancien français *pastitz*, qui l'a emprunté à l'italien *pasticum*. En Europe, on l'appelle également « artichaut d'Israël » ou « bonnet de prêtre ». Le pâtisson se distingue des autres courges par son fruit de forme aplatie, circulaire, plus ou moins conique et présentant à sa périphérie des bosses plus ou moins marquées, formant parfois des sortes de cornes redressées.

CULTURE

En début de saison, semez 2 graines dans des pots à l'abri. Après la levée, ne gardez qu'un pied par pot. Quand les plants ont 4 feuilles, mettez-les en place dans un sol léger et bien ensoleillé. Pour cela, faites des trous espacés de 1 m en tous sens puis remplissez-les de terreau. Un paillage permet de garder une terre fraîche, mais attention : ne mouillez jamais les feuilles, afin d'éviter les maladies. En pleine saison, semez directement en place en enfonçant les graines à 2 cm de profondeur et en les espaçant de 1 m.

MALADIES ET PARASITES

Comme toute la famille des cucurbitacées, le pâtisson est sensible à l'anthracnose et à l'oïdium, cette maladie qui filtre l'énergie solaire et peut anéantir la plante très rapidement. De plus, attention ! La limace est gourmande du feuillage, surtout primeur ! Pour la piéger, enterrez un pot de bière, elles en raffolent ! Une autre technique consiste à installer des cordons de cendre de bois ou de sciure, qui l'orientent vers une autre destination.

PRINCIPALES VARIÉTÉS

Plusieurs couleurs et qualités existent chez ce légume : le *Polo*, très productif, de couleur blanche et résistant aux maladies ; le *Patty-Green*, miniature et vert clair, qui se récolte jeune ; le *Gagat*, variété précoce de couleur vert foncé ; le *Pâtisson orange*, sûrement le meilleur pour sa qualité gustative ; et enfin le *Croc-Blanc*, variété de bonne production se présentant sous la forme de petits fruits blancs.

RÉCOLTE ET CONSERVATION

À maturité, cueillez les fruits pour les ranger dans un endroit sec et aéré. Préférez un fruit d'une grosseur moyenne. Plus gros, il renferme des graines à enlever lors de la préparation et devient plus filandreux. À taille adulte, toutes les variétés sont aptes à se conserver en fruits décoratifs, comme les coloquintes.

LE + SANTÉ

Le pâtisson contient plusieurs vitamines et minéraux. Il fait partie des légumes frais qui renferment le plus de calcium. Il fournit aussi du potassium en abondance et de nombreux oligo-éléments (fer, zinc...). C'est un légume digeste, surtout s'il est choisi assez petit, avec une chair riche en eau et fondante.

Soufflé de pâtisson parfumé aux herbes fraîches

PRÉPARATION ET CUISSON : 1 h

INGRÉDIENTS : *1 beau pâtisson, 3 cuill. de farine de froment, 4 œufs entiers, 25 g de beurre, ½ cuill. de ciboulette ciselée, ½ cuill. de persil haché, ½ cuill. de menthe, sel, poivre du moulin*

PRÉPARATION : Cuisez le pâtisson entier à la vapeur 20 min environ. Ensuite, décalottez-le pour extraire la chair sans vous brûler puis réduisez celle-ci en purée fine avec le moulin à légumes. Hachez finement toutes les herbes fraîches. Préchauffez le four sur th. 6/7. Faites fondre le beurre dans une casserole, ajoutez la farine et faites cuire 2 min. Hors du feu, ajoutez les jaunes d'œuf et la purée de pâtisson. Vérifiez l'assaisonnement. Montez les blancs en neige très ferme puis incorporez-les petit à petit au pâtisson, et ajoutez les herbes. Versez la préparation dans un moule à soufflé préalablement beurré puis mettez au four pendant 30 min ; vérifiez la cuisson avec la lame d'un couteau : celle-ci doit ressortir sèche. Servez dès la sortie du four, sinon vous verrez votre soufflé se dégonfler rapidement. Accompagnez ce plat d'une salade de mâches ou d'une frisée légèrement aillée.

Pâtisson à la menthe

PRÉPARATION ET CUISSON : 20 min

INGRÉDIENTS : *2 pâtissons, 50 g de beurre, 15 cl de crème fraîche, 1 tomate, 4 feuilles de menthe fraîche, sel et poivre du moulin*

PRÉPARATION : Ciselez la menthe et concassez la tomate. Coupez les pâtissons en quartiers, épluchez-les et retirez les graines. Taillez la chair en bâtonnets de ½ cm de côté environ. Dans une cocotte, étuvez-les avec une noix de beurre quelques minutes jusqu'à évaporation complète de l'eau de végétation. Ajoutez la crème fraîche et l'assaisonnement. Laissez cuire 10 min environ à feu doux, avant d'incorporer la menthe et la tomate. Laissez mijoter 15 min. Cette garniture accompagne très bien un poisson cuit en papillote.

Escalope de veau poêlée et son gratin de pâtissons au fromage de chèvre

PRÉPARATION ET CUISSON : 20 min

INGRÉDIENTS : *6 escalopes de veau, 2 pâtissons moyens, 1 cuill. d'huile d'olive, 100 g de jambon cuit, 15 g de beurre, 1 fromage de chèvre, 10 cl de vin blanc, 1 pincée de muscade, sel, poivre du moulin*

PRÉPARATION : Préchauffez le four sur th. 7. Épluchez et détaillez les pâtissons en fines tranches. Faites chauffer l'huile d'olive dans un poêlon, ajoutez les pâtissons et l'assaisonnement. Laissez blondir quelques minutes, mais attention à ne pas trop laisser brunir les pâtissons. Déglacez avec le vin blanc et faites réduire complètement. Coupez le jambon en petit dés. Beurrez un plat allant au four, mettez une couche de pâtissons, parsemez-les dés de jambon, disposez les rondelles de chèvre puis finissez par une autre couche de pâtissons. Enfournez pendant 25 min. Pendant ce temps, cuisez les escalopes de veau dans une noix de beurre, puis assaisonnez-les. Dressez les escalopes sur les assiettes chaudes et garnissez-les de gratin à l'aide d'un emporte-pièce. Accompagnez ce plat d'une salade de mâche assaisonnée à l'huile de noix.

Tarte au pâtisson, à l'effiloché de jambon cru et au fromage grec

PRÉPARATION ET CUISSON : 20 min

INGRÉDIENTS : *300 g de pâte brisée, 1 pâtisson de 700 g, 150 g de jambon cru, 30 cl de crème fraîche, 200 g de feta, 3 œufs + 1 blanc, 1 cuill. d'huile d'olive, sel et poivre du moulin*

PRÉPARATION : Cuisez le pâtisson entier à la vapeur pendant 20 min environ. Ensuite, décalottez-le pour extraire la chair sans vous brûler, puis réduisez celle-ci en purée fine avec le moulin à légumes. Effilochez le jambon et coupez la feta en petits morceaux. Dans un saladier, mettez la purée de pâtisson, l'huile d'olive, la crème et les œufs. Mélangez correctement afin d'avoir une préparation onctueuse puis ajoutez l'effiloché de jambon cru. Préchauffez le four sur th. 7. Étalez la pâte brisée et foncez un moule à tarte, puis piquez le fond avec une fourchette et badigeonnez-le avec un blanc d'œuf pour ne pas que la pâte ramollisse. Versez la préparation en l'étalant correctement puis posez les morceaux de fromage grec. Enfournez pendant 20 min environ. Servez tiède avec une salade de crudité.

LE PETIT POIS

Pisum sativum

- Famille des papilionacées
- Origine : Asie centrale
- 60 calories pour 100 g
- Cultivez des carottes, navets, pommes de terre à ces côtés, mais surtout pas de liliacées comme l'ail, l'oignon, l'échalote…
- Semez ou plantez en lune croissante.

Le conseil du jardinier

Avant de semer les grains de petits pois, faites-les tremper dans l'eau pendant 24 h pour faciliter la germination.

HISTOIRE

Le petit pois figure parmi les légumes les plus anciens. Dès le VIIe millénaire avant notre ère, on trouve des traces de son existence dans le sud-ouest de l'Asie, bien que son apparence ait alors été plus proche de celle du pois chiche que de nos actuels petits pois. Depuis le début de notre ère, le petit pois, toujours destiné à être consommé sous forme séchée, sera cultivé dans tout le Bassin méditerranéen. C'est en 1 660 qu'un limonadier de retour d'Italie lance la mode du petit pois en le faisant tout simplement consommer par le roi Louis XIV. Le grand jardinier La Quintinie en cultiva alors tous les ans dans les serres de Versailles pour le bonheur du roi.

CULTURE

La culture du petit pois est relativement simple et apporte beaucoup de satisfaction. Ce légume apprécie les climats un peu tempérés, et un sol frais et léger sans fumure fraîche. Évitez un terrain trop acide et trop calcaire. Préparez le sol correctement en griffant pour éliminer le maximum de mottes. De février à avril, tracez des lignes de 4 cm de profondeur et distantes de 40 cm en tous sens. Semez les grains tous les 1,5 cm environ, puis recouvrez légèrement et arrosez avec une pomme très fine pour éviter de tasser le sol. Si vous choisissez des espèces grimpantes, installez des rames après la levée avec des branchages de noisetier ou un grillage à grosses mailles. Récoltez au fur et à mesure de la maturation. Les arrosages entre les rangs doivent être fréquents, surtout en pleine floraison et au développement des cosses, mais surtout évitez l'excès d'eau avant la floraison, pour ne pas diminuer le rendement.

MALADIES ET PARASITES

Les pois sont souvent victimes de maladies classiques comme le mildiou, la rouille et l'oïdium. Le thrips, la pyrale, la tordeuse du pois en sont les principaux parasites. Traitez au soufre et à la bouillie bordelaise en préventif, en suivant les doses prescrites.

PRINCIPALES VARIÉTÉS

Parmi les espèces connues on trouve les grains ridés nains comme la *Merveille de Kelvedon*, les grimpants ridés comme le *Sénateur*, les grains ronds comme le *Petit Provençal*, ou encore les grimpants à grains ronds comme le *Roi de la conserve*. Les espèces de pois gourmands dépourvues de fils se consomment à l'état jeune sans écosser les grains, comme la *Corne de bélier* par exemple.

RÉCOLTE ET CONSERVATION

Écossez les petits pois en faisant attention, car quelques grains peuvent être véreux. Le petit pois se conserve 24 h dans un récipient hermétique. Si la production devient trop importante, il est préférable de les congeler rapidement avant qu'ils ne perdent leur fraîcheur et leur goût sucré

LE + SANTÉ

C'est un légume avec lequel on est très facilement rassasié. Le petit pois est riche en glucides, en protéines végétales et en minéraux. Plus les petits pois sont jeunes, plus ils sont tendres. En cas d'intestins sensibles, consommez-les très fins car les gros grains sont chargés en amidon, comme ceux de fin de récolte qui ont des fibres plus dures.

Petits pois et semoule à la coriandre

PRÉPARATION ET CUISSON : 20 min

INGRÉDIENTS : *500 g de petits pois, 2 verres de semoule, 2 verres d'eau salée, 2 cuill. d'huile d'olive, 30 g de beurre, 1 botte de coriandre fraîche, sel, poivre du moulin*

PRÉPARATION : Faites cuire les petits pois écossés à la vapeur pendant 5 min. Pendant ce temps, préparez la semoule en la jetant dans l'eau bouillante. Remuez rapidement à la fourchette, ajoutez l'huile d'olive et laissez la semoule gonfler à couvert pendant 5 min environ suivant sa qualité. Hachez la coriandre. Lorsque la semoule est gonflée, mettez-y le beurre en petits morceaux, égrenez-la avec une fourchette et faites réchauffer à feu doux. Versez la semoule dans un saladier. Ajoutez les petits pois en remuant délicatement pour ne pas les écraser. Assaisonnez à votre goût. Saupoudrez de coriandre hachée et dégustez bien frais sans plus attendre. Cette semoule accompagne très bien les poissons grillés.

Crémeux de petits pois au cerfeuil

PRÉPARATION ET CUISSON : 40 min

INGRÉDIENTS : *1,5 kg de petit pois, 1 laitue, 1 oignon, 1 bouquet garni, 50 g de beurre, 30 cl de crème fraîche, ½ baguette de croûtons, sel, poivre blanc*

PRÉPARATION : Écossez les petits pois, en en réservant environ 100 g. Hachez l'oignon finement ainsi que la laitue. Faites fondre le beurre dans une casserole, et mettez-y tous les légumes ainsi que le cerfeuil. Ajoutez 1,5 l d'eau ou de bouillon de légume, assaisonnez et laissez cuire 20 min sur feu doux. Après vérification de la cuisson, mixez la préparation, puis filtrez-la au chinois. Remettez sur feu doux avec les petits pois restants et laissez cuire 10 min. Il ne reste plus qu'à crémer l'ensemble en laissant frémir quelques instants. Servez très chaud accompagné de croûtons de pain préalablement grillés au four. Un délice...

LE POIREAU

Allium porrum

- Famille des liliacées ou des alliacées
- Origine : Sans doute Proche-Orient
- 35 calories pour 100 g
- Le poireau apprécie le voisinage de la carotte en culture associée ; son odeur repousse la mouche de la carotte et celle-ci repousse la teigne du poireau, donc c'est l'idéal !
- Plantez des œillets d'Inde, pour dévier les papillons blancs…
- Semez en lune décroissante.

Le conseil du jardinier

Pour prévenir de la teigne du poireau, alternez les rangs de poireaux et de carottes ! Sinon, pensez aux décoctions de tanaisie. Une autre solution consiste à faire tremper les plants dans une eau très légèrement javellisée avant le repiquage.

HISTOIRE

Le poireau est une plante potagère bisannuelle de la même famille que l'ail et l'oignon. Les Égyptiens avaient beaucoup d'estime pour ce légume. Plus tard, l'empereur romain Néron se faisait servir du bouillon de poireau tous les jours pour calmer sa toux et adoucir ses cordes vocales. Présente dans toutes les civilisations, cette plante est devenue l'emblème du Pays de Galles suite à une bataille où les Gallois avaient orné leur chapeau d'un poireau pour être mieux repérés. Le poireau était souvent surnommé « l'asperge du pauvre », ayant effectivement été très prisé au Moyen Âge quand les productions alimentaires se trouvaient limitées ; il est aujourd'hui très apprécié pour ses vertus diurétiques. Après une période de relatif dédain, il a été redécouvert par les grands chefs de la nouvelle cuisine… et par tous les amateurs de saveurs typées et appétissantes.

CULTURE

Les anciens relataient dans les livres que le 5 février, jour de la Sainte-Agathe, il fallait semer le poireau par n'importe quel temps. Aujourd'hui, faites un semis pas trop épais, dans un châssis bien exposé. Vous pouvez semer tout le mois de février, mais toujours avec légèreté pour permettre aux plants de grossir sans se gêner. Recouvrez légèrement les graines d'un peu de terre fine et maintenez une humidité durant la levée. En cas de nécessité, n'hésitez pas à éclaircir les poireaux pour que les plants prennent de l'ampleur. Repiquez-les dès qu'ils atteignent la grosseur d'un crayon, et cela en principe fin juin. Habillez les poireaux, autrement dit coupez le bout des racines et l'extrémité des feuilles. Une bonne fumure de fond à base de compost

de fumier bovin bien décomposé sera faite au moment de la préparation du terrain. Préparez les sillons, puis repiquez les plants tous les 15 cm en ménageant des espaces de 30 cm entre les rangs. Tassez légèrement avec le plantoir, puis arrosez copieusement pour vous assurer d'une bonne reprise. Les arrosages seront fréquents afin de garder une bonne humidité. Buttez progressivement vos poireaux pour augmenter la blancheur du fût. La récolte peut commencer 4 mois après le repiquage.

MALADIES ET PARASITES

Attention à la rouille du poireau qui sévit le plus souvent en automne. Le mildiou, lui, blanchit le feuillage avant de se dessécher. La mouche mineuse du poireau est aussi à craindre : grisâtre, de 3 mm de long, elle creuse des galeries dans les feuilles, entre les deux épidermes. Ce nouveau ravageur s'attaque surtout au poireau et à la ciboulette, mais on le trouve aussi sur l'oignon, parfois sur l'ail et l'échalote. L'attaque peut avoir lieu dès le printemps, elle est souvent fatale aux jeunes plants. La plus importante a lieu à l'automne sur des poireaux plus développés. Les feuilles présentent alors des traces de galeries verticales, comme dans le cas de la mouche de l'oignon. Seul un voile à mailles très fines peut être efficace pour éviter la pourriture à long terme. En plus, il évitera peut être la teigne du poireau, qui jaunit le feuillage.

PRINCIPALES VARIÉTÉS

Pour les récoltes d'été et d'automne, quelques espèces sont parfaites comme le *Carlton*, au feuillage vert clair, le *Gros long d'été*, précoce et à ne pas trop laisser grossir, ou le *Jaune du Poitou*, variété très précoce au feuillage vert blond.

Pour les récoltes hivernales, les variétés doivent supporter le froid comme le *Monstrueux de Carentan* au fût court et large, le *Bleu de Solaise* au fût moyen et au feuillage bleuté, ou encore le *Saint-Victor* au fût gros et long, qui présente un feuillage droit de couleur bleu-violet avec une bonne résistance aux maladies. Bien d'autres variétés encore inondent les graineteries.

RÉCOLTE ET CONSERVATION

Le poireau se conserve sur place, mais attention aux fortes gelées, car il devient alors impossible à déterrer ou presque. Il se conserve 15 jours dans un endroit frais. En fin d'hiver, arrachez-le et mettez-le en nourrice dans un coin du jardin. Une autre possibilité consiste à nettoyer les poireaux et à les sécher avant de les ranger dans des sacs. Mettez-les au grand froid et consommez-les avant un délai de 6 mois.

LE + SANTÉ

Les propriétés diurétiques du poireau sont dues à une quantité importante de potassium et de sodium. Le blanc possède une haute densité en fibres, tandis que le vert est riche en vitamine C ; la consommation des poireaux est donc recommandée. Pour les rendre plus digestes, je vous conseille de les cuire à découvert, ce qui permet l'élimination des composés soufrés volatiles.

Poireaux confits aux épices

PRÉPARATION ET CUISSON : 1 h + 24 h

INGRÉDIENTS : *1,5 kg de poireaux, 250 g de sucre, 50 g beurre demi-sel, jus d'1 citron, ½ gousse de vanille, 2 clous de girofle, ½ cuill. de quatre-épices, 1 pointe de cannelle, 1 pointe de muscade sel, poivre du moulin*

PRÉPARATION : Prenez des poireaux de petite taille pour ne conserver que le blanc. Coupez-les en tronçons de 4 cm environ. Mettez-les à l'eau froide et portez à ébullition pendant 3 min. Pendant ce temps, faites bouillir ½ l d'eau, ajoutez les épices et le sucre, puis couvrez et laissez infuser 30 min. Au bout de ce temps, filtrez dans un chinois et remettez le jus dans une casserole. Ajoutez les blancs de poireau et laissez cuire 30 min à tout petit bouillon. Versez l'ensemble dans une jatte jusqu'au lendemain. Égouttez et faites revenir les poireaux dans une poêle avec le beurre à feu vif, arrosez avec le jus de citron et 2 cuillères de marinade. Servez avec du foie de veau ou de génisse poêlé.

Soufflé aux blancs de poireau

PRÉPARATION ET CUISSON : 50 min

INGRÉDIENTS : *750 g de blancs de poireau, 4 œufs, 30 g de farine, 70 g de beurre, 25 cl de crème fraîche, sel, poivre du moulin, noix de muscade râpée*

PRÉPARATION : Préchauffez le four sur th. 6/7. Lavez et émincez les blancs de poireau, puis faites-les cuire à la vapeur 15 min. Ensuite, dans un poêlon, faites fondre le beurre puis ajoutez les poireaux. Laissez mijoter à couvert pendant 10 min. Une fois cuit, mixez l'ensemble, puis ajoute la crème, la farine, les jaunes d'œuf et l'assaisonnement. Montez les blancs en neige et incorporez-les à la première préparation. Beurrez et farinez un moule à soufflé, versez l'appareil et enfournez 25 min à four chaud sur th. 6/7. Servez aussitôt sans plus attendre.

Lasagnes aux poireaux

PRÉPARATION ET CUISSON : 50 min

INGRÉDIENTS : *12 plaques de lasagnes, 4 poireaux, 250 g de lardons fumés, 1 l de lait, 60 g de farine, 100 g de gruyère râpé, 60 g de beurre, sel, poivre, 1 pointe de muscade*

PRÉPARATION : Faites revenir les lardons dans une poêle à sec puis épongez-les sur un papier absorbant. Préparez les poireaux soigneusement et coupez-les en tronçons de 5 cm environ. Faites les cuire à la vapeur durant 15 min. Pendant ce temps, préparez une sauce béchamel légère : pour cela, faites un roux avec le beurre et la farine puis versez le lait tiède, assaisonnez et laissez cuire 5 min en remuant. Beurrez un plat à gratin, rectangulaire de préférence. Nappez le fond de sauce béchamel, posez une couche de lasagnes, une couche de béchamel, une couche de poireaux, une couche de lardons et refaites l'opération une fois en terminant par une bonne couche de béchamel. Saupoudrez de fromage râpé puis enfournez et laissez cuire à four chaud pendant 30 min. Servez bien chaud avec une salade de mâches.

LE POIVRON & LE PIMENT

Capsicum annuum

- Famille des solanacées
- Origine : Amérique du Sud
- 20 calories pour 100 g
- Ils apprécient le voisinage des autres solanacées comme la tomate, l'aubergine...
- Semez en lune croissante.

Le conseil du jardinier

Semez des radis pour éloigner les araignées rouges.

HISTOIRE

Le piment et le poivron sont des fruits avec une gousse plus ou moins charnue renfermant de multiples graines dans sa cavité intérieure. D'après des vestiges trouvés dans une grotte du Mexique, le piment serait domestiqué depuis au moins 7000 ans. Poivrons et piments sont issus de la même plante, une solanacée annuelle de la même famille que la tomate et l'aubergine. Ce sont leur forme et leur saveur, plus ou moins piquante, qui les différencient. Au retour de son premier voyage en Amérique, Christophe Colomb introduira le piment en Europe. Ce sont donc les Espagnols et les Portugais qui en ont la primeur. Ils le feront connaître très rapidement dans le monde. Le poivron a été très longtemps méconnu, mais depuis les années 90 et sous l'influence de la cuisine nord-africaine, il a refait surface dans nos plats cuisinés. Plus connu sous l'appellation « piment doux », on le surnomme aussi « corail des jardins ». Le piment, petit et pointu, renferme une essence âcre, la capsicine, qui lui donne sa saveur, plus ou moins brûlante.

CULTURE

Faites le semis dès le mois de février pour espérer avoir de beaux plants en été. Pour cela, semez dans des bacs dans une pièce chauffée au minimum à 18 °C, en maintenant une humidité pendant la durée de la germination. Veillez à ce que les plants reçoivent toute la lumière dont ils ont besoin. Préparez le sol en apportant un peu de fumier de bovin ou un engrais complet. Lorsque le sol est bien réchauffé, repiquez les plants dans des trous de 15 cm de profondeur, espacés de 40 cm dans les rangs et de 70 cm entre les rangs. Arrosez aussitôt et régulièrement par temps sec. Quand les pieds produisent trop de fleurs, supprimez-en quelques-unes en les pinçant, cela favorisera la production. Prévoyez une douzaine de poivrons et une vingtaine de piments par pied. Un paillage autour des plants reste bénéfique pour le réchauffement du sol.

MALADIES ET PARASITES

Les piments sont très rarement malades, par contre les poivrons semblent un peu plus fragiles sans qu'on en connaisse les raisons. Certaines années, les pucerons et les araignées rouges attaquent les poivrons. Plusieurs champignons connus comme l'oïdium, la pourriture grise, etc., peuvent être rencontrés au cours de la culture, ainsi que certains virus responsables du jaunissement des fruits. Une absence de chaleur ou un excès d'humidité provoquera inévitablement une pourriture.

PRINCIPALES VARIÉTÉS

Parmi les piments on trouve le *Jaune du Burkina*, petit et jaune vif, l'*Antillais* de couleur rouge et de forme bizarre, puis le *piment de Cayenne* et le *Rouge long ordinaire.*

Chez les poivrons, la *Corne de bouc*, jaune ou rouge, est très précoce et de bonne conservation. Le *Doux des Landes* est aussi une valeur sure: robuste, très prolifique, il arrive facilement à maturité. Le *Cubanelle* a un goût unique et une chair épaisse et très goûteuse, le *Sweet Banana* une saveur très douce, tandis que le *California Wonder*, petit et carré, est charnu et très classique.

RÉCOLTE ET CONSERVATION

Pour une consommation crue, récoltez au fur et à mesure des besoins, car le poivron se flétrit au bout de quelques jours. Mettez les poivrons sous le gril du four pour que leur peau noircisse, puis enfermez-les dans un sac plastique alimentaire pendant 10 min pour que la peau se décolle. Ôtez-la doucement.

LE + SANTÉ

Le poivron est l'un des légumes les plus riches en vitamine C. Peu énergétique, il fournit aussi des minéraux et des fibres. Il a une bonne source de carotène, avec une action préventive sur le vieillissement prématuré des cellules. Il renferme aussi des flavonoïdes, renforçant ainsi les effets de la vitamine C et offrant une protection aux petits vaisseaux sanguins.

Cake aux poivrons, noisettes et fromage de chèvre

PRÉPARATION ET CUISSON : 50 min

INGRÉDIENTS : *150 g de farine de froment, 3 œufs entiers, 8 cl d'huile d'olive, 15 cl de lait, 100 g de gruyère râpé, 150 g de noisettes concassées, 1 sachet de levure chimique, 1 poivron vert, 1 poivron rouge, 50 g d'olives vertes, 100 g de fromage de chèvre, sel et poivre du moulin*

PRÉPARATION : Lavez et séchez les poivrons puis mettez-les sur une plaque pour les faire griller au four. Ensuite, épluchez-les et coupez-les en lanières. Dénoyautez les olives vertes et coupez-les en quatre, puis tranchez le fromage en lamelles. Faites fondre dans une poêle les poivrons avec un filet d'huile d'olive puis laissez refroidir. Préchauffez le four sur th. 6. Dans un saladier, mélangez au fouet les œufs, la farine et la levure. Incorporez petit à petit le reste d'huile d'olive et le lait. Ajoutez le gruyère râpé, l'assaisonnement, les noisettes concassées grossièrement ainsi que les olives vertes. Incorporez délicatement les poivrons. Versez la moitié de la préparation dans un moule à cake chemisé avec un papier sulfurisé. Posez les tranches de fromage de chèvre et terminez par le reste de pâte. Mettez au four 45 min. Vérifiez la cuisson avec la pointe d'un couteau. À la sortie du four, laissez refroidir puis servez avec une salade de mâches en automne ou une salade de tomate assaisonnée aux pluches de cerfeuil en été.

Poivrons marinés à l'huile d'olive et parfumés à l'ail

PRÉPARATION ET CUISSON : 20 min + 1 mois de marinade - INGRÉDIENTS : *6 poivrons rouges, verts et jaunes, 6 gousses d'ail, 2 feuilles de laurier, 30 cl de vinaigre blanc, 10 g de gros sel, 1 l d'huile d'olive vierge* - PRÉPARATION : Mettez les poivrons sous le gril du four pour que la peau noircisse, puis enfermez-les dans un sac plastique pendant 10 min pour que la peau se décolle : il ne reste plus qu'à l'ôter doucement. Épépinez les poivrons puis ébouillantez-les 2 min dans du vinaigre salé au gros sel, et égouttez-les sur un papier absorbant. Ensuite, rangez-les dans le bocal, ajoutez l'ail émincé et le laurier. Couvrez d'huile d'olive, rajoutez un peu d'huile le lendemain si nécessaire, puis laissez mariner pendant 1 mois. Conservez 4 mois maximum dans un endroit sombre et frais.

Clafoutis aux poivrons caramélisés et coulis de roquette

PRÉPARATION ET CUISSON : 55 min

INGRÉDIENTS : *6 œufs, 120 g de farine, 50 cl de crème liquide, 100 g de parmesan râpé, 2 poivrons rouges, 20 g de miel, 30 g de pignon de pin*

<u>Coulis</u> : 100 g de roquette, 1 gousse d'ail, 5 cl d'huile d'olive, sel fin, poivre du moulin

PRÉPARATION : Préchauffez le four sur th. 6. Coupez et épépinez les poivrons avant de les tailler en petits morceaux. Dans une poêle chaude, dorez les poivrons à l'huile d'olive de chaque côté. Versez le miel et laissez caraméliser en enrobant bien les poivrons et les pignons. Battez les œufs en omelette dans un saladier puis ajoutez progressivement la farine tamisée et le parmesan râpé. Incorporez la crème et l'assaisonnement. Déposez un papier de cuisson dans un plat allant au four puis versez la pâte. Éparpillez ensuite les poivrons sur le clafoutis, enfournez pendant 40 min. Vérifiez la cuisson avec une pointe de couteau. Pendant ce temps, préparez le coulis de roquette. Pour cela, lavez les pousses de roquette, puis plongez-les dans l'eau bouillante durant 4 min. Égouttez-les avant de les broyer dans le bol du mixeur avec 1 cuillère d'eau de cuisson et la gousse d'ail épluchée. Ajoutez l'huile d'olive pour émulsionner la sauce. Rectifiez l'assaisonnement. Démoulez et coupez le clafoutis encore chaud et servez-le sur une assiette avec une cuillère de coulis de roquette et une salade du même nom.

Flan de poivron à la provençale

PRÉPARATION ET CUISSON : 50 min

INGRÉDIENTS : *200 g de courgettes, 5 œufs entiers, 6 poivrons rouges, 4 tomates, 1 oignon, 150 g de gruyère, 15 cl de lait, 10 cl d'huile d'olive, sel, poivre du moulin, muscade râpée*

PRÉPARATION : Préchauffez le four sur th. 6/7. Lavez et coupez les courgettes en petits morceaux sans les éplucher, ainsi que les poivrons. Émincez l'oignon puis ébouillantez les tomates pendant 30 secondes ; pelez-les et épépinez-les avant de les couper en petits dés. Faites revenir tous les légumes à la poêle, à feu vif avec un peu d'huile d'olive, pendant 20 min. Assaisonnez. Battez les œufs en omelette et ajoutez le lait ainsi que le fromage râpé. Assaisonnez. Dans un plat à gratin préalablement beurré, disposez les légumes et versez l'appareil. Faites cuire au bain-marie pendant 30 min. Servez chaud ou froid avec une viande blanche et une salade de mâches parfumée à l'huile d'olive.

LA POMME DE TERRE

Solanum tuberosum

HISTOIRE

Ce tubercule est encore aujourd'hui l'un des aliments les plus appréciés. C'est au XVIe siècle que les conquistadors l'ont rapporté en Europe, d'abord en Espagne sous le nom de *patata* puis ensuite en Irlande, Italie et Allemagne. En France, la pomme de terre fut réservée uniquement au bétail pendant deux siècles, car on craignait qu'elle soit toxique pour l'être humain. Ni Olivier de Serres ni Jean Baptiste de La Quintinie tous deux de grands agronomes, ne trouvèrent le moindre intérêt à cette plante. Nous devrons donc attendre le XVIIIe siècle et Antoine Parmentier, pharmacien et agronome à la cour de Louis XVI, pour que la pomme de terre soit enfin appréciée à sa juste valeur. Sa culture devient dès lors abondante, peu avant la révolution de 1 789.

CULTURE

La culture de la pomme de terre est très simple : elle préfère un climat doux et humide, associé à un sol léger et profond, avec une fumure organique apportée pendant le bêchage d'hiver. Déposez les plants de pomme de terre le germe en haut au fond d'un sillon de 12 cm de profondeur. Espacez-les de 30 cm, et les sillons de 60 cm. Recouvrez de terre fine. Si vous craignez encore quelques gelées, couvrez avec un tunnel plastique, mais le plus raisonnable est de faire la plantation quand le lilas fleurit, c'est-à-dire au mois d'avril. 2 semaines après la levée, quand les feuilles atteignent 15 cm, commencez le premier buttage en remontant la terre sans abîmer les feuilles encore tendre. 15 jours plus tard, faites le deuxième buttage. Il n'est pas nécessaire d'arroser plus de deux fois dans la saison, avant et après la floraison, sauf en cas de grande sécheresse et surtout pas sur les feuilles.

- Famille des solanacées
- Origine : Amérique du Sud
- 85 calories pour 100 g à la vapeur
- 270 calories pour 100 g de frites
- La pomme de terre apprécie le chou comme voisin, mais évitez absolument la betterave, la courgette et la tomate.
- Semez en lune décroissante.

Le conseil du jardinier

Une quinzaine de jours avant la récolte, coupez les fanes et mettez-les dans l'incinérateur pour ne pas infecter votre compost en cas de maladie.

MALADIES ET PARASITES

Le mildiou, la galle, la rouille, la fusariose sont les principales maladies de la pomme de terre. En cas de développement de ces maladies, il est souhaitable de traiter à la bouillie bordelaise et au soufre « mouillable ». Le doryphore reste l'ennemi numéro un. Pour une petite production, le plus écologique est de ramasser ces insectes à la main. Une plante comme le lin repousse ce coléoptère; semez donc des graines de lin entre les rangs, en même temps que la plantation de pommes de terre; c'est agréable à l'œil et efficace.

PRINCIPALES VARIÉTÉS

Compte tenu des plusieurs centaines d'espèces de pommes de terre répertoriées dans le monde, la liste qui suit est dérisoire! Voici toutefois les variétés précoces: la *Belle de Fontenay*, l'*Ondine*, la *Sirtéma*, la *Yesmine*; les variétés semi-tardives: *BF15*, *Charlotte*, *Désirée*, *Roseval*, *Urgenta*, *Samba*; et enfin quelques variétés tardives: *Bintje*, *Caratina*, *Ratte*. Une espèce originale est la *Vitelotte*, à la couleur pourpre et à la chair violette, idéale en salade ou en chips.

RÉCOLTE ET CONSERVATION

Les pommes de terre primeur seront ramassées avant leur complète maturité et dégustées aussitôt. Pour une conservation plus longue, les tubercules ne doivent plus peler. Procédez à l'arrachage qui est souvent une fête familiale. Attention toutefois de ne pas abîmer les tubercules à l'arrachage, car alors ils ne se conserveront pas. Une fois les pommes de terre sur le sol, laissez-les 1 jour sur terrain sec. Ensuite, mettez-les en caisse et stockez-les en cave obscure et aérée. Vérifiez de temps en temps qu'il n'y a pas de pourriture. Profitez-en aussi pour éliminer tous les germes naissants qui anéantissent la pomme de terre.

LE + SANTÉ

Riches en glucides (amidon), presque sans graisse, bien pourvues en fibres, et en vitamine C, les pommes de terre étaient cuites au four par les anciens puis placées encore chaudes dans un bas de laine enroulé autour du cou; cette chaleur soulageait les torticolis, les maux de gorge et apportait du bien-être. Comme quoi, nos ancêtres savaient se soigner naturellement.

Croustillants parmentier

PRÉPARATION ET CUISSON: 55 min

INGRÉDIENTS: *1 kg de pommes de terre, 30 g de beurre, 60 g d'amandes, 60 g de noisettes, 120 g de cantal, 1 œuf entier, 70 g de fromage frais de vache, 1 cuill. d'huile d'olive, ¼ de botte de persil, ¼ de botte de ciboulette, sel et poivre du moulin*

PRÉPARATION: Épluchez et cuisez les pommes de terre à la vapeur pendant 15 min. Lorsqu'elles sont encore chaudes, écrasez-les à la fourchette en incorporant le beurre. Faites dorer sans matière grasse les fruits secs dans une poêle, puis mixez-en la moitié que vous ajouterez à la purée ainsi que la moitié du cantal râpé. Ajoutez le fromage frais et les herbes ciselées, assaisonnez puis mélangez l'ensemble pour obtenir une pâte compacte. Préchauffez le four sur th. 7. Formez des galettes de formes différentes suivant votre imagination et posez-les sur une plaque légèrement huilée. Parsemez-les de cantal râpé et de fruits secs. Arrosez les galettes d'un filet d'huile d'olive, puis faites-les dorer au four pendant 15 min environ. Servez principalement avec du gibier ou un gigot d'agneau à la broche.

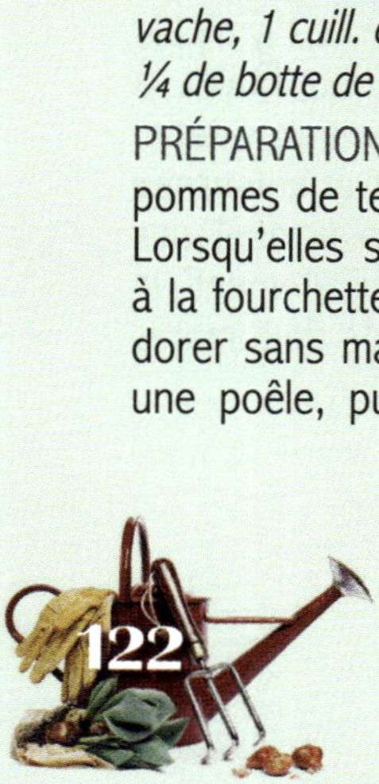

Tian de pommes de terre aux tomates

PRÉPARATION ET CUISSON : 1 h

INGRÉDIENTS : *1,2 kg de pommes de terre, 400 g d'oignons, 600 g de tomates, 50 g d'ail, 30 cl de bouillon de volaille, thym, laurier, sel, poivre du moulin*

PRÉPARATION : Préchauffez le four sur th. 6. Épluchez et émincez les pommes de terre et les oignons. Émonder les tomates et coupez-les en petits dés, puis hachez l'ail finement. Beurrez un plat à gratin puis disposez une couche de pommes de terre avec un peu d'ail, du laurier et du thym. Ajoutez ensuite une couche d'oignons, puis une couche de tomates et finissez par une couche de pommes de terre. Assaisonnez entre chaque couche, versez le bouillon de volaille et mettez au four pendant 40/45 min. Servez avec un poisson vapeur ou en papillote.

Pommes de terre en croûte de sel

PRÉPARATION ET CUISSON : 50 min

INGRÉDIENTS : 2 kg de pommes de terre, *3 cl d'eau, 2 feuilles de laurier, 3 gousses d'ail non pelées, 50 g de farine, 1 cuill. de romarin, 2 kg de gros sel gris*

PRÉPARATION : Lavez les pommes de terre sans les éplucher puis essuyez-les ; surtout, ne laissez pas d'humidité. Dans une bassine, mettez le gros sel et la farine, et mélangez correctement tout en versant l'eau. Chemisez un plat allant au four avec du papier sulfurisé. Tapissez le fond avec une partie du mélange de sel, posez les pommes de terre et les aromates puis mettez le reste de sel. Tassez au maximum pour éviter les trous d'air. Cuisez au four très chaud sur th. 7 pendant 30 à 40 min. Ensuite, ôtez le sel et fendez les pommes de terre en deux, puis servez avec une sauce crème ou une vinaigrette à base de moutarde. Vous pouvez aussi déguster avec une noix de beurre.

Tatin de pommes charlotte au saumon fumé et aux graines de moutarde

PRÉPARATION ET CUISSON : 45 min

INGRÉDIENTS : *750 g de pommes de terre charlotte, 200 g de saumon fumé, 1 cuill. de graines de moutarde, 300 g de pâte feuilletée, 50 g de beurre, 10 cl de vin blanc, 3 cuill. d'huile d'olive, sel et poivre du moulin*

PRÉPARATION : Épluchez les pommes de terre, coupez-les en quartiers assez gros comme pour des pommes. Rincez-les sous l'eau chaude, égouttez-les puis faites-les dorer dans un plat à tatin avec le beurre et l'huile d'olive. Retournez-les délicatement puis versez le vin blanc avec ½ verre d'eau. Assaisonnez et laissez cuire 12/15 min à couvert puis ajoutez les graines de moutarde, le saumon fumé effiloché, le thym et le laurier. N'oubliez pas d'éteindre le feu. Étalez la pâte feuilletée afin de recouvrir le moule à tatin. Rentrez bien les bords à l'intérieur et enfournez pour 25 min environ. Laissez refroidir quelques instants avant de démouler délicatement la tatin. Servez chaud avec une salade de tomates parfumée à l'huile d'olive.

LE POTIRON & LE POTIMARRON

Cucurbita maxima

- Famille des cucurbitacées
- Origine : Amérique du Nord
- 30 calories pour 100 g
- Le potiron apprécie le voisinage des haricots, mais évitez de planter des pommes de terre à ses côtés, car il déteste leur présence.
- Semez en lune croissante.

Le conseil du jardinier

Sans détacher les fruits, placez une ardoise ou tout simplement de la paille sous chaque potiron pour éviter la pourriture en cas de forte humidité.

HISTOIRE

Les premiers potirons ou citrouilles traversent l'Atlantique avec le célèbre Christophe Colomb qui les découvre au cours d'un voyage aux Caraïbes en 1492. Nos aïeux ne connaissaient pas ce légume, mais uniquement les gourdes ou calebasses. Elles servaient au transport de l'eau, mais aussi à la fabrication d'instruments de musique comme les maracas. Les gourdes et calebasses, une fois creusées, servaient de soupière et de saladier. C'est vers le XVIe siècle que le potiron se fait une place importante dans l'agriculture et la gastronomie française. C'est à Charles Naudin, biologiste, que l'on doit la distinction entre les différentes espèces, qu'il fit vers 1860, distinguant déjà 20 variétés de potirons.

Le potimarron, quant à lui, aurait été introduit au Japon par des navigateurs portugais, d'où il aurait gagné l'Europe très tardivement. Certaines rumeurs disent qu'une famille japonaise aurait rapporté ce légume en France en 1957. Ce que l'on sait, c'est que ce fabuleux légume n'a fait son apparition que récemment sur nos tables.

CULTURE

À la mi-avril, semez 2 à 3 graines de cette cucurbitacée en godet dans du terreau humide. Recouvrez de 1 cm seulement de terreau. Arrosez et tenez au frais jusqu'à l'apparition des premières feuilles. Attendez les dernières gelées pour mettre les plants en pleine terre. Les potirons et potimarrons sont des plantes qui aiment les sols riches, donc incorporez généreusement du compost décomposé dans le trou avant de les planter. Arrosez copieusement et faites une cuvette à chaque pied pour favoriser l'arrosage en cas de fortes chaleurs. Pour une bonne récolte, ne laissez que deux fruits par brin et coupez 2 feuilles au-dessus du dernier fruit.

MALADIES ET PARASITES

Évitez l'arrosage sur les feuilles qui provoque l'oïdium et l'anthracnose, les principales maladies du potiron. Les pucerons noirs attaquent aussi facilement ces plantes, mais sans trop de dommage. Il y a déjà assez des limaces qui dévorent les jeunes plants bien tendres. Prévoyez donc des pièges avant la catastrophe.

PRINCIPALES VARIÉTÉS

Les variétés de potirons sont diverses : la plus connue est le *Potiron rouge vif d'Étampes*, pouvant peser de 5 à 7 kg avec une bonne conservation. Le *Giraudon*, pas très appétissant d'apparence avec ses boursouflures, mais goûteux et sucré, peut atteindre 6 à 10 kg. La *Muscade de Provence*, fruit vert au goût musqué, est excellente en soupe.

Comme pour les potirons, les variétés de potimarrons sont nombreuses : le *Red Kuri*, le plus courant, à peau rouge brique et chair jaune orangé ; le *Blue Kuri* à peau bleutée et chair jaune orangé ; le *Chestnut Bush*, à peau gris ardoise et chair jaune orangé ; enfin le *Golden Delicious*, à peau jaune et chair jaune orangé.

RÉCOLTE ET CONSERVATION

Après avoir coupé le pédoncule de chaque fruit au sécateur, rentrez-les dans un endroit sec et aéré. Dans de bonnes conditions, on peut espérer les garder entre 3 à 6 mois. Attention : sans leur pédoncule, aucune conservation ne sera possible. Évitez absolument de les cogner, car les chocs provoquent la maladie, donc la pourriture.

LE + SANTÉ

Le potiron fournit un grand nombre de minéraux et d'oligo-éléments en quantités appréciables, et ceci pour un apport énergétique modéré. Riche en fibres, il permet de lutter très naturellement contre la constipation. Il se situe ainsi parmi les légumes les plus riches en provitamine A après la carotte, les épinards et le chou.

Le potimarron, lui, présente un taux record en béta-carotène ou provitamine A (deux fois plus que la carotte), et il est source de vitamines C, D et E. Il apporte aussi des minéraux et oligo-éléments comme le phosphore, le calcium, le magnésium, le fer, le potassium et la silice.

Cake au potiron et aux raisins de Corinthe

PRÉPARATION ET CUISSON : 1 h 20

INGRÉDIENTS : *250 g de potiron, 15 cl de crème fraîche, 3 œufs entiers, 120 g de sucre en poudre, 75 g de raisins de Corinthe, 150 g de farine, 1 sachet de levure chimique, sel, poivre du moulin*

PRÉPARATION : Cuisez le potiron à la vapeur 20 min environ, puis réduisez-le en purée et laissez-le refroidir. Préchauffez le four sur th. 6. Mélangez la farine avec la levure, l'assaisonnement et les raisins. Dans un saladier, mélangez les œufs avec le sucre et la crème fraîche. Incorporez la purée et la farine tamisée en pluie tout en mélangeant pour éviter des grumeaux. Versez cette préparation dans un moule à cake chemisé avec un papier sulfurisé. Laissez cuire 10 min environ puis baissez le four sur th. 4 pendant 45 min environ. Vérifiez la cuisson avec une pointe de couteau : celle-ci doit sortir tiède et sèche. Démoulez et laissez refroidir avant de couper en tranches. Servez avec une salade verte.

Tarte au potiron aux écorces d'orange

PRÉPARATION ET CUISSON : 1 h 15

INGRÉDIENTS : *350 g de pâte brisée, 600 g de potiron, 20 cl de crème fraîche, 3 œufs entiers, 100 g de sucre en poudre, 50 g d'écorce d'orange confite, 50 g de beurre, sel, poivre, muscade*

PRÉPARATION : Préchauffez le four sur th. 6/7. Cuisez le potiron à la vapeur pendant 20 min puis ôtez la coque et réduisez la chair en purée. Pendant ce temps, mélangez les œufs, le sucre, les écorces d'orange et les épices. Ajoutez le potiron réduit en purée puis la crème fraîche, et vérifiez l'assaisonnement. Foncez un moule à tarte avec la pâte brisée en prenant soin de piquer le fond avec une fourchette. Versez le mélange et enfournez 40 min. Dégustez chaud ou froid avec une salade de mâche assaisonnée à l'huile d'olive ou tout simplement nature.

Mini-flans au potimarron

PRÉPARATION ET CUISSON : 25 min

INGRÉDIENTS : *1 kg de potimarron, 5 œufs entiers, 25 cl de crème fraîche liquide, 25 cl de lait, sel, poivre, noix muscade, 30 g de beurre, persil pour le décor*

PRÉPARATION : Préchauffez le four sur th. 6. Découpez le potimarron en morceaux et faites-le cuire à la vapeur 15 min. Vérifiez la cuisson avec une lame de couteau. Ensuite, ôtez la coque et mixez les morceaux de potimarron au moulin à légumes grille fine, afin d'en faire une purée. Cassez les œufs dans un saladier et battez-les en omelette puis ajoutez le lait, la crème liquide, le sel, le poivre et un peu de noix de muscade. Mélangez l'ensemble puis ajoutez la purée de potimarron. Amalgamez bien l'ensemble pour avoir un appareil onctueux. Versez la préparation dans 6 petits ramequins beurrés, posez-les dans un bain-marie chaud et enfournez pendant 25 min. Vérifiez la cuisson avec la pointe d'un couteau, qui doit ressortir sèche. Servez cette garniture en accompagnement d'un rôti de veau ou d'une pièce de gibier.

Confiture de poires au potimarron

PRÉPARATION ET CUISSON : 25 min

INGRÉDIENTS : *750 g de potimarron, 600 g de poires fermes, le jus d'1 citron, 800 g de sucre cristallisé*

PRÉPARATION : Coupez le potimarron en dés que vous cuirez à la vapeur 15 min. Coupez les poires et mettez-les dans la bassine à confiture avec le potimarron, le sucre et le citron. Portez à ébullition durant 5 min en écumant puis recouvrez d'un film alimentaire jusqu'au lendemain. Ce délai passé, mixez les ingrédients et cuisez les confitures le temps nécessaire suivant les variétés de poires. La cuisson se vérifie à l'aide d'une assiette froide ; versez quelques gouttes sur le bord : la confiture doit se figer dans les secondes qui suivent. Mettez en pots, fermez le couvercle et posez les pots à l'envers pour faire le vide d'air. Au bout de 20 min, remettez-les à l'endroit avant de les ranger au cellier.

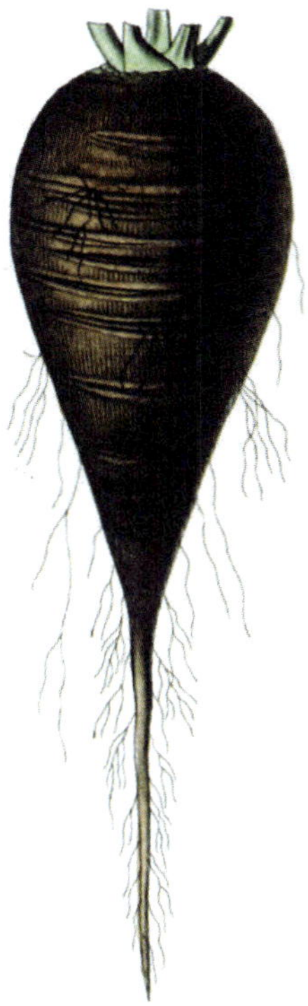

LES RADIS

(roses ou noirs)

Raphanus sativus

- Famille des crucifères
- Origine : Proche-Orient
- 20 calories pour 100 g
- Cultivez-les près des carottes, des choux et des épinards, ils adorent…
- Semez en lune croissante

Le conseil du jardinier

Le radis n'aiment pas les grosses chaleurs, alors couvrez-les avec des cagettes à claire-voie, de préférence en bois. Le jour passe et le soleil ne brûle pas.

HISTOIRE

Le radis était déjà connu et consommé par les Égyptiens à l'époque des pharaons. Son origine se perd dans la nuit des temps. Les anciens ne connaissaient que le radis noir, qui était distribué avec les oignons aux ouvriers qui construisaient les pyramides. Plus tard, l'Empire romain répandit les radis noirs dans toute l'Europe. Charlemagne recommanda à son tour aux régisseurs de ses terres la culture de cette excellente racine. Cependant, il faudra attendre le XVIe siècle pour qu'apparaissent en Europe les petits radis ronds. Il est probable que ces radis ronds ne descendent pas des radis noirs et qu'ils n'aient pas d'ancêtres communs.

CULTURE

Les radis adorent les sols frais et légers. Ils poussent bien au printemps et en automne, avec un arrosage fréquent. Après les dernières gelées, semez sous abri les premiers radis roses de printemps jusqu'au mois de juin. Pour cela, faites un sillon de 1 cm de profondeur, recouvrez légèrement de terreau, tassez avec le dos du

râteau et enfin arrosez copieusement. Ne semez pas trop épais, sinon il faudra éclaircir les rangs pour favoriser un bon développement des racines. En cas de forte chaleur et d'insuffisance d'eau, le goût poivré des radis a tendance à se renforcer; de plus, ils deviennent creux et fibreux.

Le radis noir est beaucoup moins exigeant, et il a un cycle beaucoup plus long. Il pousse en profondeur, donc prévoyez une terre souple et sans obstacles. Semez-le entre juillet et septembre. Une fois bien levé, éclaircissez les plants de façon à garder 1 plant tous les 15 cm.

MALADIES ET PARASITES

Si leur culture est rapide, les radis auront peu de problèmes. Le mildiou, la rouille, la hernie et la pourriture noire peuvent faire leur apparition. Les puces de terre nommées « altises » dévorent le feuillage; seul l'arrosage peut les repousser, mais pour mieux revenir.

PRINCIPALES VARIÉTÉS

Parmi les radis roses de printemps, on cultive le *Flamboyant*, allongé rouge et blanc, et le *Radis cerise* tout rouge et rond. En été, les variétés de radis sont un peu plus grosses, comme le *Red Meat* (7/8 cm de diamètre) ou le *Blanc de Munich*. En hiver, le *Rose de Chine*, le *Noir long d'hiver de Paris* ou le *Long maraîcher* sont les radis les plus cultivés en France.

RÉCOLTE ET CONSERVATION

Le radis noir pousse lentement et peut attendre sur place. Vous pouvez aussi l'arracher et le stocker en cave dans du sable légèrement humide. Après l'avoir brossé sous l'eau froide, gardez-le 4 ou 5 jours au frais enveloppé dans un linge légèrement humide. Le rose se récolte tous les jours au fur et à mesure des besoins; attention, il pousse très vite et se creuse aussi vite.

LE + SANTÉ

Le radis est recommandé pour son action sur le foie et la vésicule biliaire; il est riche en vitamines B et C et en fibres. Le radis noir est un véritable concentré de minéraux. Ces substances stimulent la digestion, mais peuvent être plus ou moins bien tolérées par les personnes ayant un système digestif fragile.

Rôti de veau aux coings et aux radis noirs

PRÉPARATION ET CUISSON : 30 min

INGRÉDIENTS : *1,5 kg de rôti de veau, 4 coings, 4 radis noirs, 2 gros oignons, 10 feuilles de sauge, 10 feuilles d'origan, 1 cuill. de cannelle, ¼ de cuill. de poivre de Cayenne, 2 cuill. d'huile d'olive, sel et poivre*

PRÉPARATION : Coupez les coings en cubes. Brossez les radis noirs sans les éplucher, puis coupez-les en grosses rondelles. Émincez les oignons finement. Dans une cocotte, mettez l'huile à chauffer, faites revenir le rôti de veau jusqu'à ce qu'il soit bien doré sur toutes les faces. Ajoutez l'oignon, les épices et les herbes aromatiques, puis faites dorer quelques instants. Ajoutez les radis noirs et les morceaux de coing, puis laissez mijoter quelques minutes. Mouillez avec du bouillon de volaille. Couvrez et laissez cuire pendant 1 h 30 environ jusqu'à ce que l'ensemble soit bien cuit. Vérifiez l'assaisonnement. Servez la viande sur assiettes chaudes avec la garniture.

Soupe de fanes de radis au roquefort

PRÉPARATION ET CUISSON : 30 min

INGRÉDIENTS : *2 bottes de fanes de radis, 6 carottes, 3 oignons, 400 g de pommes de terre, 200 g de roquefort, 50 g de beurre, 10 cl de crème fraîche, sel, poivre du moulin*

PRÉPARATION : Lavez les légumes. Essorez les fanes de radis, émincez les oignons et les carottes. Dans un petit faitout, mettez le beurre à fondre, faites revenir les oignons, les carottes et les fanes de radis. Remuez l'ensemble sur feu doux pendant 5 min. Ajoutez les pommes de terre coupées en dés. Faites mijoter le tout 15 à 20 min. Une fois la soupe bien cuite, mixez-la et rajoutez le roquefort et la crème fraîche. Mélangez doucement et servez aussitôt.

Soupe glacée au radis et au fromage blanc

PRÉPARATION ET CUISSON : 30 min

INGRÉDIENTS : *3 bottes de radis, 2 gros oignons 2 échalotes, 300 g de fromage blanc battu, ½ cuill. de moutarde, 10 g de beurre, sel, poivre du moulin*

PRÉPARATION : Pelez et émincez l'oignon et l'échalote. Épluchez les radis et lavez-les à l'eau froide. Faites fondre l'oignon, l'échalote et les trois quarts des radis dans le beurre pendant 5 min. Recouvrez avec ¾ de litre d'eau, assaisonnez et laissez mijoter pendant 30 min. Ensuite, mixez la soupe et laissez-la refroidir. Incorporez le fromage blanc, le reste des radis finement émincés et la moutarde. Mélangez doucement et mettez au froid pendant 2 h. Servez glacé, agrémenté de quelques feuilles de menthe.

Radis roses en salade à la feta et aux noix

PRÉPARATION ET CUISSON : 30 min + 1 h 30 au froid

INGRÉDIENTS : *1 botte de radis roses, 300 g de feta, 1 courgette, 1 échalote, 1 gousse d'ail, ½ botte de persil plat, 2 brins de basilic, 1 cuill. de vinaigre, 3 cuill. d'huile d'olive, 150 g de cerneaux de noix, sel et poivre du moulin*

PRÉPARATION : Ciselez les herbes et hachez l'ail et l'échalote. Coupez la feta en dés. Lavez les radis et la courgette puis coupez-les en rondelles. Mélangez dans un saladier tous les ingrédients avec l'huile, le vinaigre, le sel et le poivre. Mettez au frais 1 h 30 avant de servir.

LE RUTABAGA

Brassica napus

- Famille des crucifères
- Origine : Europe du Nord
- 34 calories pour 100 g
- Le rutabaga n'est pas très exigeant, il accepte les voisins de cultures mais attention : il cohabite mal avec la pomme de terre.
- Semez en lune décroissante.

Le conseil du jardinier

Comme pour le navet, il est conseillé d'incorporer au sol un peu de soufre avant le semis. L'oïdium et le mildiou pourront ainsi être évités.

HISTOIRE

Cultivé en Scandinavie depuis la fin du Moyen Âge, le rutabaga est une plante potagère issue d'un croisement entre un chou frisé et un navet. D'ailleurs, l'origine de son nom vient du suédois *ruttabaggar*, qui signifie « chou-navet ». Même si à l'œil il garde un aspect très navet, il s'en distingue cependant par une forme plus allongée, avec un renflement sur sa partie supérieure, ainsi que sa couleur jaune tirant légèrement sur le vert. Le rutabaga fit son apparition en France au début du XIXᵉ siècle. Il fut longtemps et volontairement oublié par les générations qui avaient connu la guerre, lors de laquelle le rutabaga avait remplacé la pomme de terre victime des restrictions alimentaires. Sachez d'ailleurs que certaines variétés de rutabagas sont destinées à la nourriture du bétail, ce qui n'est pas pour lui donner une bonne image. Mais aujourd'hui, il revient petit à petit dans nos potagers et dans nos assiettes.

CULTURE

Adapté aux régions tempérées, le rutabaga supporte le gel pourvu que le sol soit bien drainé. Son semis est possible directement en pleine terre à la fin du printemps. Pour cela, sarclez et ajoutez un peu de compost au sol, puis semez dans des sillons de 2 cm de profondeur et distants de 35 cm. Quand les plants atteignent 2 feuilles, éclaircissez-les de façon à laisser un pied tous les 25/30 cm. On peut également semer les rutabagas sur un rang, puis, environ 3 semaines après, les repiquer profondément tous les 30 cm. Un entretien quotidien est obligatoire, mais un arrosage deux fois par semaine suffit amplement, même en cas de forte chaleur. Patientez 3 à 4 mois pour commencer à récolter et à consommer les racines.

MALADIES ET PARASITES

La mouche du chou est le principal ravageur de ce crucifère : elle pond ses œufs au collet du légume, puis les larves se répandent dans la racine, rendant le rutabaga véreux. Attention ! L'altise fait aussi des ravages : elle mange les cotylédons et détruit les semis. En plus des insectes nuisibles, trois maladies sont à craindre : le blanc, assez rare ; la hernie, similaire à celle du chou ; et la rouille blanche, qui provoque la pourriture des feuilles

PRINCIPALES VARIÉTÉS

Le rutabaga, surnommé « navet de Suède », comporte plusieurs variétés, comme l'*Oestgoeta*, racine ronde avec une chair orangée de bonne qualité. Une autre racine ronde, la *Brora*, est une variété anglaise au collet pourpre et à la chair jaune. Le *Blanc d'Aubigny*, enfin, est une racine longue dont le collet est vert et la chair blanche.

RÉCOLTE ET CONSERVATION

Deux solutions existent pour conserver les rutabagas : la première consiste à les arracher courant octobre, puis à couper le feuillage environ 1 cm au-dessus du collet avant de les rentrer en cave dans une couche de sable pour éviter la déshydratation ; la deuxième solution consiste à les laisser en terre afin de ne les arracher qu'au fur et à mesure des besoins, en raison de leur grande rusticité.

LE + SANTÉ

Ce légume est riche en potassium, calcium, soufre et phosphore. Sa consommation régulière serait néanmoins un encombrant intestinal. Pour améliorer votre tolérance des rutabagas, choisissez-les donc jeunes et blanchissez-les à l'eau bouillante avant de les cuisiner à votre convenance. Le rutabaga est riche en vitamine C, B1 et B6.v

Gratin normand de rutabagas

PRÉPARATION ET CUISSON : 1 h 30

INGRÉDIENTS : *300 g de rutabagas, 300 g de pommes de terre, 75 cl de bouillon de volaille, 10 cl de crème fraîche, 3 œufs, 15 g de beurre, 1 pointe de muscade râpée, sel, poivre du moulin*

PRÉPARATION : Préchauffez le four sur th. 6/7. Épluchez et coupez les rutabagas et les pommes de terre en petits morceaux. Mettez le bouillon de volaille à bouillir, puis ajoutez les rutabagas et laissez cuire 5 min avant d'ajouter les pommes de terre. Prolongez la cuisson 15 min environ, de façon à ce que les légumes soient bien tendres. Ensuite, égouttez et écrasez les légumes à la fourchette. Dans un saladier, mettez le beurre en pommade avec les œufs puis incorporez la crème et l'assaisonnement. Mélangez cet appareil correctement avant de l'incorporer à la purée de légumes. Versez cette préparation dans un plat à gratin beurré. Enfournez pour 1 h de cuisson environ ; le dessus doit être bien doré. Servez immédiatement, avec une volaille rôtie au four.

LE SALSIFIS & LA SCORSONÈRE

Tragopogon porrifolium

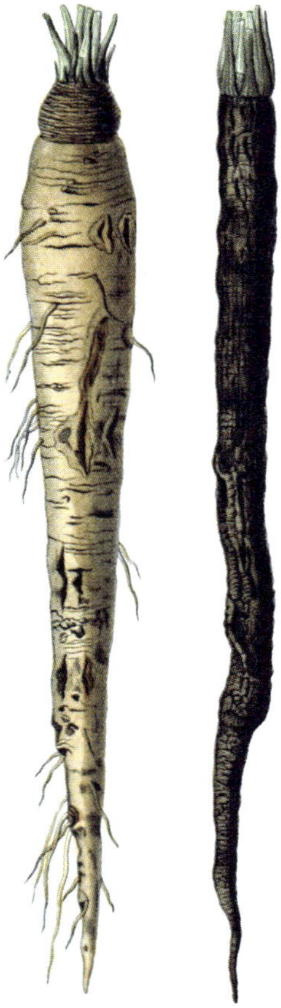

- Famille des astéracées
- Origine : Europe et du Proche-Orient
- 50 calories pour 100 g
- Ces deux légumes sont très faciles à vivre ! Aucun problème de voisinage.
- Semez en lune décroissante.

Le conseil du jardinier

Si le salsifis est une plante bisannuelle, la scorsonère est une vivace, que l'on cultive comme bisannuelle. La différence est très subtile !

HISTOIRE

Les Grecs consommaient déjà le salsifis, ce légume racine, sous le nom de « barbe de bouc ». L'agronome Olivier de Serres fut le premier, sous Henri IV, à recommander sa culture en France. Il ne faut toutefois pas confondre le vrai salsifis avec la scorsonère, une racine à peau noire. Ces deux plantes ont le même aspect. Elles possèdent toutes les deux une racine comestible de forme allongée et assez charnue, mais se différencient par la couleur de leur peau. Le vrai salsifis, à peau jaune, a pratiquement disparu au profit de ce fameux salsifis noir, moins fibreux et plus savoureux. Le salsifis jaune était très apprécié des Espagnols car il était efficace contre les morsures de serpent.

CULTURE

Le salsifis comme la scorsonère doivent avoir une exposition chaude, dans un sol profond, un peu frais et riche en humus. Ce sol doit aussi être sableux pour éviter d'obtenir des racines fourchues. En avril et jusqu'au mois de mai, tracez des sillons distants de 25 cm et profonds de 2 cm. Semez très clair puis recouvrez avec du terreau ou de la terre fine. Tassez avec le dos du râteau et arrosez un jour sur deux. La levée peut être de 3 semaines. Dès que les plants ont 2 feuilles, éclaircissez-les tous les 10 cm. Binez aussi souvent que le besoin s'en fait sentir et coupez les fleurs au fur et à mesure qu'elles apparaissent. Prévoyez 7 à 8 mois de culture avant de commencer à récolter

MALADIES ET PARASITES

Seule maladie connue du salsifis et de la scorsonère, la rouille blanche attaque les feuilles à n'importe quel moment de l'année. Il y a aussi le puceron, qui s'attaque au collet des plantes. Les chardonnerets et les moineaux ravagent souvent les jeunes semis au moment de la levée. Mettez un filet de protection pour éviter ce désagrément.

PRINCIPALES VARIÉTÉS

Aujourd'hui, on connaît peu de variétés de ces plantes. Notons parmi elles les racines noires de scorsonère, tels le *Géant noir de Russie*, variété très connue, mais aussi le *Hoffmanns* à la racine bien boutée, ne faisant pas d'excroissances. Le salsifis le plus connu reste le *Mammouth*, à racine longue, lisse et de couleur jaune.

RÉCOLTE ET CONSERVATION

Récoltez les racines au fur et à mesure des besoins à partir d'octobre. Coupez les feuilles à l'approche de l'hiver et recouvrez le sol de 10 cm de feuilles sèches ou de fumier, de façon à pouvoir les arracher par grand froid. Vous pouvez aussi les conserver dans des caisses avec du sable et les stocker dans une cave bien aérée à l'abri de la lumière. Ces légumes, une fois épluchés, doivent être aussitôt plongés dans de l'eau additionnée de vinaigre ou de jus de citron pour éviter l'oxydation.

LE + SANTÉ

Source intéressante de magnésium et de calcium, ces deux légumes renferment aussi plus de glucides que la plupart des légumes frais. Mais l'inuline, variété d'amidon, est parfois difficile à digérer et peut entraîner la formation de gaz intestinaux. Le salsifis et la scorsonère renferment une quantité intéressante de vitamine E aux propriétés anti-oxydantes, ainsi que des vitamines du groupe B, peu fréquentes dans l'alimentation quotidienne. Elles sont importantes pour le bon développement du système neuromusculaire.

Beignets de salsifis

PRÉPARATION ET CUISSON : 40 min

INGRÉDIENTS : *1,2 kg de salsifis, 300 g de farine, 2 œufs entiers, 2 cuill. de cognac, 1 cuill. de sauce tomate, 60 g de beurre, 20 cl de lait, ½ paquet de levure chimique, sel, poivre du moulin*

PRÉPARATION : Dans un saladier, mettez la farine, le sel, une pincée de poivre, la levure chimique, le beurre fondu, le cognac et les œufs entiers. Mélangez tous ces ingrédients en les délayant peu à peu avec le lait, puis laissez la pâte à beignets se reposer pendant 2 h. Pendant ce temps, préparez les salsifis, coupez-les en tronçons et cuisez-les environ 30 min à la vapeur. Au bout de ce temps, égouttez-les et laissez-les refroidir. Faites chauffer la friture, et quand celle-ci est à 180 °C, trempez les salsifis dans la pâte à beignet puis plongez-les dans la friture. Lorsque les beignets sont gonflés et bien dorés, égouttez-les sur un papier absorbant. Salez légèrement, comme on peut le faire pour des frites de pommes de terre. Accompagnez ces beignets de quelques feuilles de salade et d'une mayonnaise allongée avec un peu de cognac et une cuillère de sauce tomate.

Salsifis et brocolis en gratin

PRÉPARATION ET CUISSON : 1 h 30

INGRÉDIENTS : *750 g de salsifis, 450 g de brocolis, 250 g de fromage à raclette, 3 œufs entiers, 15 g de beurre, 30 cl de crème fraîche, 1 jus de citron, 20 cl de lait, 2 cuill. de persil haché, sel, poivre du moulin*

PRÉPARATION : Épluchez et coupez les salsifis puis plongez-les aussitôt dans de l'eau froide additionnée de jus de citron, pour éviter qu'ils ne s'oxydent à l'air. Une fois terminé, cuisez les salsifis à la vapeur pendant 30 min environ. Préchauffez le four sur th. 6/7. Nettoyez les brocolis, puis divisez-les en bouquets avant de les cuire 7 min à la vapeur. Disposez les salsifis et les brocolis pêle-mêle dans un plat à gratin beurré. Dans un saladier, mélangez la crème fraîche, le lait, les œufs, le persil et le fromage râpé. Assaisonnez. Versez cet appareil sur les légumes puis faites cuire le gratin au four, pendant 40 min, jusqu'à ce qu'il soit bien doré. Servez chaud dans le plat de cuisson, avec un rôti de veau orloff par exemple.

LA TOMATE

Lycopersicum esculentum

- Famille des solanacées
- Origine : Amérique du Sud
- 15 calories pour 100 g
- Ne plantez pas d'aneth, ni de haricots, ni de pommes de terre ; par contre, la tomate adore les oignons comme voisins proche.
- Semez en lune croissante.

Le conseil du jardinier

Plantez du basilic autour des plants de tomates. En plus d'accompagner agréablement vos plats de crudités, le basilic réduira l'acidité de vos fruits !

HISTOIRE

La tomate a été cultivée pour la première fois par les Incas, et n'était alors pas plus grosse que notre tomate cerise. Elle est apportée en Europe par les conquistadors et s'implante donc en premier lieu en Espagne et en Italie. D'abord considérée comme un produit vénéneux, elle est classée en 1 600 par Olivier de Serres, agronome français, parmi les plantes ornementales et médicinales. Néanmoins, des marins goûtèrent ce fruit en Amérique du Sud et contribuèrent par là à l'introduire dans la cuisine méditerranéenne dès le début du XVIIe siècle. La tomate finit alors par arriver sur toutes les bonnes tables d'Europe. Un restaurateur parisien bien conseillé proposa des tomates à son menu et, devant la demande massive des clients, les jardiniers autour de Paris se mirent à la cultiver avec beaucoup de succès.

CULTURE

La tomate doit être cultivée dans un endroit ensoleillé, exposé au sud et à l'abri du vent. Elle préfère les terrains légers, frais et biens drainés. Ce qui compte, c'est la matière organique qui va être incorporée au sol en amont. Commencez par semer les graines en caisse à une température de 18 °C environ. Si vous cultivez plusieurs variétés, différenciez-les avec des étiquettes. Ensuite repiquez, les plants à 4 feuilles dans des pots biodégradables avec un mélange de terreau et de sable. Quand les gelées ne sont plus à craindre, préparez le terrain et plantez les piquets tous les 70 cm en tous sens. Creusez un trou assez important, et pour donner un coup de pouce à vos plants mettez une poignée d'orties fraîches. Remettez un peu de terre souple et plantez vos pieds de tomate. Arrosez au pied au départ et

ensuite une fois par semaine, mais jamais sur le feuillage. Prévoyez un bon paillage pour parer à la sécheresse. Ensuite éliminez les ramifications latérales qui poussent sous l'aisselle de chaque feuille. Ôtez les feuilles du bas pour éviter que la maladie s'installe.

MALADIES ET PARASITES

Suivant les années et les saisons, plus ou moins pluvieuses, les tomates peuvent être maladives. On rencontre très souvent le mildiou qui se signale par des taches irrégulières, jaunes puis brunes, et le dessèchement du feuillage. L'alternariose recouvre le feuillage de taches marrons à noires, le plus souvent par temps humide, mais la nécrose apicale ou la maladie du cul noir sont aussi à craindre. Pulvérisez de la bouillie bordelaise en amont, car mieux vaut prévenir que guérir. Quelques pucerons peuvent faire leur apparition, mais sans trop de dommage…

PRINCIPALES VARIÉTÉS

Beaucoup de variétés et de couleurs font que les tomates sont des fruits merveilleux. On ne peut pas toutes les citer, en voici quelques-unes :

Les rouges : *Montfavet, Cœur de bœuf, Roma, Andine cornue, Pyros…*

Les jaunes : *Banana Leg, Ananas, Yellow…*

Les blanches : *White Wonder, Pomme blanche…*

Les vertes : *Green Zebra, Russian green…*

Les noires : *Prune noire, Noire de Crimée, Black Prince…*

RÉCOLTE ET CONSERVATION

Cueillez les tomates au fur et à mesure des besoins. Plus on avance dans la saison, plus la cueillette est importante. La conserve est idéale ; pour cela, mettez les tomates en bocaux avec un peu de sel. Stérilisez 30 min. La congélation peut-être aussi un mode de conservation, surtout entière, pour réaliser des potages en hiver. Cuisinez la sauce tomate pour ensuite la stériliser 30 min. Ce procédé est très simple à réaliser pendant les longs mois d'hiver.

LE + SANTÉ

Riche en minéraux, en oligo-éléments et en vitamines, la tomate est un « légume-fruit » idéal pour les repas légers. Les graines et les peaux peuvent néanmoins être mal supportées par les intestins sensibles. Dans ce cas, consommez la pulpe épépinée. La tomate renferme un pigment rouge de nature caroténoïde, le lycopène, qui pourrait aussi avoir une action protectrice contre certaines pathologies.

Millefeuilles de tomates, fromage de chèvre frais et pistou

PRÉPARATION ET CUISSON : 15 min

INGRÉDIENTS : *6 belles tomates, 400 g de fromage de chèvre frais, 5 gousses d'ail, 6 cuill. d'huile d'olive, 30 g de feuilles de basilic, sel et poivre du moulin*

PRÉPARATION : Commencez par préparer le pistou en mettant dans le bol du mixeur l'ail, le basilic et l'assaisonnement, puis tout en mixant versez en filet l'huile d'olive. Coupez le fromage en tranches. Mondez les tomates dans une eau en ébullition en gardant le pédoncule accroché (c'est impératif) ; rafraîchissez immédiatement dans de l'eau froide. Coupez le fond des tomates pour faire une assise puis divisez les tomates en 4 épaisseurs. Commencez par la base des tomates puis alternez les couches de tomate, de fromage et de pistou, et finissez par le couvercle muni du pédoncule. Assaisonnez entre les épaisseurs. Mettez au froid quelques heures et servez avec le restant de pistou et un filet de vinaigre balsamique.

Tomates séchées

PRÉPARATION ET CUISSON : 25 min

INGRÉDIENTS : *6 belles tomates, 2 cuill. d'huile d'olive, 2 cuill. de basilic séché sel et poivre*

PRÉPARATION : Mettez à chauffer le four sur th. 2/3. Recouvrez une plaque de cuisson avec du papier sulfurisé. Lavez et découpez les tomates en tranches de ½ cm d'épaisseur, puis répartissez-les sur la plaque. Assaisonnez et saupoudrez avec les herbes séchées et l'huile d'olive. Enfournez et laissez cuire 3 h en surveillant régulièrement. Servez-vous des tomates séchées pour réaliser des préparations culinaires.

Muffins aux tomates séchées parfumés au basilic

PRÉPARATION ET CUISSON : 25 min

INGRÉDIENTS : *250 g de farine, 2 sachets de levure, 2 cuill. de parmesan râpé, 2 œufs entiers, 2 yaourts de nature, 2 cuill. d'huile d'olive, 200 g de tomates séchées, 6 feuilles de basilic, sel fin, poivre du moulin*

PRÉPARATION : Préchauffez le four sur th. 6. Émincez les tomates séchées et ciselez le basilic. Dans un saladier, mettez la farine tamisée, la levure, le parmesan et le sel, puis mélangez correctement. Dans un autre récipient, battez les œufs avec les deux yaourts, incorporez les tomates et le basilic. Mélangez les deux préparations sans trop travailler la pâte. Ensuite garnissez les moules à muffins puis enfournez 15 min environ. Vérifiez la cuisson avec la lame d'un couteau. Laissez les muffins quelques minutes dans leur moule avant de les démouler. Servez les muffins avec une salade de mâches.

LE TOPINAMBOUR

Helianthus tuberosus

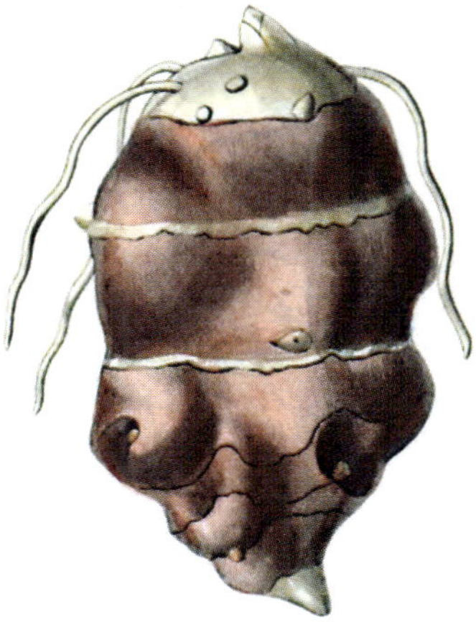

- Famille des astéracées
- Origine : Amérique du Nord
- 70 calories pour 100 g
- Aucun problème de voisinage avec ce légume, mais attention : il envahit facilement les autres...
- Semez en lune décroissante.

Le conseil du jardinier

Surtout ne plantez pas les topinambours au milieu du potager, car ils sont trop envahissants, mais plutôt en périphérie ou en guise de haies.

HISTOIRE

Découvert par Samuel Champlain au XVIIe siècle, c'est probablement Lescarbot, voyageur méconnu, qui aurait introduit le topinambour en France. On le nomme tout d'abord « artichaut du Canada », mais aussi « artichaut de Jérusalem », parce que son goût est semblable à celui de cet autre légume. Appelé également « poire de terre » par Lemery, car il est suspendu à une branche de la racine principale qui le nourrit, le topinambour reçut enfin son nom de baptême en souvenir d'une dizaine d'Indiens tupinambas du Brésil qui furent présentés à Paris en 1613, nom qui n'a aucune connotation avec son origine. À la fin du XVIIIe siècle, le topinambour fut rétrogradé au second plan, doublé par la pomme de terre, et relégué à la nourriture du bétail. Pendant la Deuxième Guerre mondiale, on consomme de nouveau le topinambour, car la pomme de terre était réquisitionnée par les troupes allemandes. Dégoûtés par ce tubercule qui leur rappelait les privations de l'occupation, les Français n'en mangèrent plus après la guerre. Aujourd'hui, cependant, les jeunes générations cultivent, cuisinent et apprécient de nouveau ce légume au goût d'artichaut un peu sucré.

CULTURE

Dans le potager, il faut veiller à contenir le topinambour, car il a tendance à s'étendre rapidement. Cette plante s'accommode très bien sur les terrains secs, à condition de les arroser en cas de sécheresse. Plantez les tubercules de mars à avril, dans un sol meuble de préférence, au nord du potager car les tiges peuvent atteindre plus de 2 m et risquent de faire trop d'ombre au reste du jardin. Espacez les plants de 35 cm et de 70 cm entre les rangs. Enfoncez-les de 10 cm de profondeur environ. Ajoutez une bonne couche de paillis sur le sol afin de minimiser les mauvaises herbes et de garantir une bonne humidité. Les inflorescences entièrement jaunes du topinambour apparaissent de septembre à octobre.

MALADIES ET PARASITES

Aucune maladie n'a été constatée sur ce tubercule très rustique. De même pour les parasites, hormis quelques pucerons noirs par forte chaleur, mais rien d'inquiétant.

PRINCIPALES VARIÉTÉS

Il n'existe que quelques variétés; les plus courantes à forme ronde et bosselée sont le *Stampede* et le *Challenger*. Toutefois, on cultive aussi des formes allongées et lisses comme le *Fuseau* et le *Volga 2*.

RÉCOLTE ET CONSERVATION

Arrachez les topinambours au fur et à mesure des besoins. En raison de leur rusticité, vous pouvez les laisser en terre durant l'hiver: ainsi, vous éviterez le flétrissement du tubercule. Sachez que le topinambour est un légume qui se déshydrate très rapidement: il a donc besoin d'humidité et ne doit pas être exposé au soleil. Au réfrigérateur, il est possible de le conserver plusieurs semaines, à condition de ne pas le laver.

LE + SANTÉ

Le topinambour est riche en glucides: il est le champion en fibres! C'est un aliment énergétique, très utile aux diabétiques, car son taux de glucose est presque nul. Il a aussi une bonne valeur nutritive, contenant des protéines, divers minéraux, du fer, ainsi que des vitamines A, B et C. Modérément calorique mais rassasiant, le topinambour remplace allègrement un plat de pommes de terre. Il ne contient pas d'amidon, mais un glucide voisin, l'inuline, qui n'influe pas sur la glycémie des personnes diabétiques et qui lui donne une saveur un peu sucrée.

Tarte aux topinambours, mozzarella et tomates fraîches

PRÉPARATION ET CUISSON : 1 h

INGRÉDIENTS : *350 g de pâte brisée, 200 g de mozzarella, 8 tomates fraîches, 12 topinambours, 2 œufs, 20 cl de crème liquide, basilic, sel, poivre du moulin*

PRÉPARATION : Préchauffez le four sur th. 6. Brossez et lavez les topinambours. Faites-les cuire à la vapeur environ 15 min suivant la grosseur des tubercules. Ensuite, épluchez-les et coupez-les en morceaux. Dans un saladier, mettez la mozzarella et travaillez-la avec une fourchette pour obtenir une pâte lisse. Ajoutez les œufs, la crème et l'assaisonnement. Coupez les tomates en morceaux et ôtez les pépins et l'eau de végétation. Préchauffez le four sur th. 6. Sortez la pâte brisée du réfrigérateur et déroulez-la. Placez-la sur un moule à tarte et piquez le fond. Répartissez les topinambours sur le fond de tarte puis les tomates séchées. Saupoudrez de basilic et versez l'appareil au chèvre par-dessus. Enfournez la tarte 30 min. Accompagnez cette tarte d'une belle salade.

Filets de rascasse et purée de topinambours parfumée à l'aneth

PRÉPARATION ET CUISSON : 1 h

INGRÉDIENTS : *6 filets de rascasse, 600 g de topinambours, 50 g de beurre, 10 cl de crème liquide, 1 bouquet d'aneth, 3 cuill. d'huile d'olive, fleur de thym, sel et poivre du moulin*

PRÉPARATION : Brossez et lavez les topinambours. Faites-les cuire à la vapeur environ 15 min suivant la grosseur des tubercules, jusqu'à ce qu'ils soient bien tendres. Égouttez-les avant de les passer au presse-purée. La peau très fine est filtrée par la grille du presse-purée. Assaisonnez, ajoutez une noix de beurre et la crème fraîche. Incorporez l'aneth ciselé. Dans une poêle, faites cuire les filets de rascasse dans un peu d'huile d'olive, assaisonnez et saupoudrez d'un peu de fleur de thym. Laissez cuire 2 min de chaque côté. Mettez un peu de purée dans un cercle au centre des assiettes chaudes, puis ôtez le cercle délicatement. Disposez les filets de rascasse à cheval sur la purée. Décorez avec une rondelle de citron vert et un brin d'aneth.

Gratin de topinambours façon savoyarde

PRÉPARATION ET CUISSON : 1 h 40 min

INGRÉDIENTS : *1 kg de topinambours, 500 g de pommes de terre, 20 cl de crème fraîche liquide, 150 g de beaufort, 30 cl de lait entier, 50 g de beurre, sel, poivre du moulin, 1 pointe de muscade*

PRÉPARATION : Brossez et lavez les topinambours. Faites-les cuire à la vapeur environ 15 min suivant la grosseur des tubercules. Cuisez ensuite les pommes de terre 10 min à la vapeur. Une fois les légumes refroidis, pelez-les et coupez-les en rondelles assez épaisses. Beurrez un moule à gratin et disposez en couches alternées les pommes de terre, le fromage râpé et les topinambours. Préchauffez le four sur th. 6. Dans un saladier, mélangez la crème liquide avec le lait et l'assaisonnement. Versez ce liquide dans le plat à gratin. Enfournez pendant 30 min. Servez ce gratin délicieux avec un faisan cuit à l'étouffé dans une cocotte en fonte.

Ragoût de topinambours à la grecque

PRÉPARATION ET CUISSON : 55 min

INGRÉDIENTS : *750 g de topinambours, 3 cuill. d'huile d'olive, 100 g d'échalotes, 2 cuill. de concentré de tomate, 3 gousses d'ail, 15 g de graines de coriandre écrasées, 6 brins de coriandre fraîche, 30 cl de vin blanc sec, thym et laurier, sel et poivre de Cayenne*

PRÉPARATION : Brossez et lavez les topinambours. Faites-les cuire à la vapeur environ 5 min seulement. Ensuite, épluchez-les et coupez-les en petits morceaux. Dans une cocotte, faites revenir les échalotes et l'ail hachés dans l'huile d'olive. Ajoutez les graines de coriandre, le concentré de tomates, et laissez mijoter 2 min. Ensuite, ajoutez les topinambours, le vin blanc et 1 verre d'eau. N'oubliez pas le thym, le laurier et l'assaisonnement, et laissez cuire à feu doux 40 min. Vérifiez la cuisson et l'assaisonnement puis réservez au frais. Servez froid avec la coriandre fraîche ciselée dessus.

LES HERBES AROMATIQUES

CULTURES ET PRÉPARATIONS CULINAIRES

Qu'on les nomme aromates ou condiments, il est sûr que toutes les occasions sont bonnes pour aller au potager cueillir un petit bouquet d'herbes aromatiques pour la cuisine. Il n'est pas question dans ce livre de présenter toutes les plantes aromatiques. Je vous propose simplement une liste permettant d'accompagner la plupart de nos mets. Aujourd'hui, les herbes aromatiques sont pratiquement indispensables à l'alimentation quotidienne, apportant une saveur et une belle couleur à nos assiettes. Avant de vous lancer dans les semis ou plantations d'herbes aromatiques, il est important de connaître leur consommation et d'observer ce que chaque plante aromatique peut fournir. Vous pourrez cultiver plusieurs espèces très différentes les unes des autres.

Plantez un petit arbuste comme le laurier-sauce, le genévrier, le romarin ou la lavande, mais sachez qu'un pied de chaque suffira certainement pour une consommation courante. Cependant, vous pouvez planter plusieurs espèces en formant une haie, pour séparer par exemple le potager du jardin d'agrément. Ce sera une haie qui joindra l'utile à l'agréable.

Dans votre potager digne de ce nom, semez les vivaces comme le thym, la mélisse ou la menthe. Quelques pieds en bordure ou autour d'un puits permettront de pallier à votre consommation

Enfin au printemps, semez ou plantez les plantes annuelles comme le persil, la coriandre, le cerfeuil ou l'aneth, etc. Elles sont consommées en grande quantité, alors n'hésitez pas : cultivez-en sans modération !

COMPOSITION DU BOUQUET GARNI :

Thym, laurier sauce, persil plat, vert de poireau. On peut ajouter la sauge, le romarin et le céleri-branche. Liez l'ensemble avec de la ficelle de cuisine.

COMPOSITION DES HERBES DE PROVENCE :

Ensemble de plantes séchées souvent originaires du sud de la France, comprenant le thym, le serpolet, l'origan, le romarin, la marjolaine, le basilic, le cerfeuil et aussi l'estragon.

L'ANETH

Anethum graveolens

- Famille des apiacées
- Originaire de l'Europe du Sud et de l'Asie centrale et méridionale

Le conseil du jardinier

L'aneth est cultivé comme condiment pour ses feuilles et ses graines très aromatiques. Très proche du fenouil par son odeur et ses propriétés, il est surnommé « fenouil bâtard » ou « faux anis ».

HISTOIRE

Les civilisations antiques grecque et romaine connaissaient cette plante et l'appréciaient pour son parfum, sa saveur et ses vertus médicinales. Elle était utilisée aussi par les peuples israélites comme plante potagère. Les Égyptiens quant à eux l'employaient comme plante médicinale il y a plus de 5000 ans. Cette plante remonta ensuite très lentement vers le nord pour atteindre l'Allemagne, la Russie et enfin la Scandinavie qui en sont aujourd'hui de grands consommateurs. On dit que Charlemagne mettait sur la table de ses palais des flacons d'extrait d'aneth pour que ses invités puissent en boire en cas de hoquet très important. L'aneth est également très utilisé en Amérique du Nord. Ses fleurs sont très appréciées des abeilles.

CULTURE

Les feuilles d'aneth sont longues et finement découpées; les graines sont portées par une ombelle. L'aneth aime les expositions ensoleillées et les terrains bien drainés, craignant les sols trop humides. Semez les graines au printemps ou à l'automne dans un mélange de terre enrichie de compost. Faites des sillons de 2 cm de profondeur en plusieurs lignes espacées de 20 cm. Il est préférable de ne pas trop espacer les plants, car grâce à leur hauteur, ils peuvent se supporter les uns les autres. L'aneth déteste la transplantation, car son système de racines est extrêmement délicat. Vous pouvez semer tous les mois afin de prolonger la récolte le plus longtemps possible.

RÉCOLTE ET CONSERVATION

Conservez l'aneth frais enveloppé dans un sachet en papier au bas du réfrigérateur. L'aneth supporte la congélation; le meilleur moyen est de le ciseler puis de le mettre dans des bacs à glaçon recouverts d'eau. C'est une solution idéale, avec une facilité d'utilisation au top. L'aneth peut aussi être séché, il suffit alors de suspendre ses ombelles tête en bas dans une pièce chaude et aérée, en plaçant une assiette en dessous afin de récupérer les capsules pleines de graines. Une fois séchées, les feuilles aussi bien que les graines doivent être gardées à l'abri de la lumière dans un bocal hermétique.

EMPLOI CULINAIRE

Les Scandinaves ont fait de l'aneth leur épice nationale. Ils en parsèment tous leurs mets. Dégustez ses feuilles fraîchement ciselées sur vos plats, toujours en fin de cuisson et à feu doux, car son arôme ne résiste pas à l'ébullition. Avec sa note fraîche et légèrement anisée, il relève parfaitement les sauces crémées, les marinades, les œufs et les viandes blanches. Il parfume également les salades vertes et les salades de fruits.

LE + SANTÉ

L'aneth est une plante championne des propriétés médicinales. Ainsi, de vieux recueils d'herboristes mettaient en avant son efficacité contre le hoquet. On lui reconnaît également des vertus digestives et stimulantes. Mâcher ses graines après un repas, c'est s'assurer d'une bonne digestion. L'aneth agit efficacement sur le fonctionnement intestinal et son goût, subtilement anisé et tellement frais, laisse une haleine fraîche.

LE BASILIC

Ocimum basilicum

- Famille des lamiacées
- Probablement originaire d'Iran ou d'Inde

Le conseil du jardinier

Le basilic a la réputation de stimuler la croissance de la tomate et d'en améliorer la qualité, donc n'hésitez pas à en planter dans les rangs de tomates

HISTOIRE

Le basilic est une plante annuelle herbacée buissonnante de 20 à 50 cm de hauteur, cultivée comme condiment et plante aromatique. De nombreux peuples de l'Antiquité, comme les Romains ou encore les Gaulois, la disaient capable de guérir les plaies et les hématomes. Pour eux, c'était aussi une plante sacrée, et en juillet et août, lorsque le basilic était en fleurs, ses cueilleurs devaient se livrer à des rituels stricts de purification, comme se laver les mains dans l'eau de trois sources différentes, se vêtir de vêtements propres et ne pas utiliser d'outil en métal pour couper les tiges. Cette plante est arrivée en Angleterre au XVIIe siècle, et enfin en Amérique avec les premiers émigrants.

CULTURE

Son feuillage ovale, arrondi et gaufré, est fortement aromatique. Les graines sont semées au printemps dans un mélange de terre enrichi de compost, à 1 cm de profondeur et en rangs espacés de 60 cm. Lorsque les plants atteignent 5 cm de haut, éclaircissez les semis en créant un espace de 30 cm entre chaque plant. À 15 cm de hauteur, pincez chaque extrémité du plant pour le rendre plus vigoureux et obtenir une croissance plus dense. Le basilic a besoin d'au moins 5 h d'ensoleillement par jour, donc choisissez l'endroit le plus rayonnant de votre potager avant de le semer. Récoltez le basilic avant que les fleurs montent en épis, sinon il perdra de son piquant ; c'est la raison pour laquelle les jeunes pousses ont plus de saveur. Un arrosage tous les 2 jours est incontournable, le basilic supportant mal le dessèchement.

RÉCOLTE ET CONSERVATION

Les feuilles fraîches se conservent peu de temps au réfrigérateur. Elles supportent parfaitement bien la congélation. Le meilleur conservateur reste l'huile d'olive, où le basilic gardera sa saveur tout en la parfumant.

EMPLOI CULINAIRE

Vous trouverez le basilic surtout dans la cuisine méditerranéenne, où il se marie très bien avec la tomate, l'huile d'olive et l'ail. Ciselé à la demande, il apporte un goût intéressant dans les plats méritant un apport aromatique frais. Il entre dans la composition du célèbre pistou ou pesto, qui peut varier selon les régions. Ce plat comporte généralement du basilic frais écrasé au pilon, de l'huile d'olive, de l'ail et du parmesan. Le basilic est admirable avec les spaghettis, les œufs, la soupe, le poulet, le poisson, les viandes grillées, les marinades, la vinaigrette, etc.

LE + SANTÉ

Le basilic est surtout tonique et antispasmodique, mais c'est également un antiseptique intestinal. Faites des infusions à raison de 10 à 15 g de feuilles pour ½ l d'eau, et buvez-en de 2 à 3 tasses par jour pour apaiser les lourdeurs ou les crampes à l'estomac. Pour éloigner les moustiques, appliquez-vous une essence de fleur de basilic sur la peau. Le basilic séché est une excellente source de vitamine K.

LE CERFEUIL

Anthriscus cerefolium

- Famille des ombellifères
- Originaire de la Russie méridionale

Le conseil du jardinier

Beaucoup de plantes aromatiques poussent spontanément dans la nature ; concernant le cerfeuil, vous le confondrez facilement avec une autre plante toxique telle que la cigüe.

HISTOIRE

Le cerfeuil commun est cultivé comme condiment pour ses feuilles au goût légèrement anisé. Il était bien connu des Grecs, qui lui donnèrent son nom de « feuille qui réjouit » et le considéraient comme l'enfant de l'amour. Ensuite, les Romains en firent un symbole de résurrection et de rajeunissement. À partir du Moyen Âge, il s'implante définitivement en France, rapporté des croisades. Le cerfeuil était considéré comme le persil des riches, et utilisé aussi comme plante médicinale. Cette plante annuelle de 30 à 60 cm de haut possède des feuilles à long pétiole, très tendres et finement divisées.

CULTURE

Le cerfeuil préfère un sol léger et frais, bien ameubli. Échelonnez les semis à partir de février jusqu'au début du mois de septembre. Semez en ligne directement en pleine terre, puis recouvrez de 1 cm de terreau, tassez avec le dos du râteau et arrosez en pluie fine. Vous commencerez à récolter environ 6 semaines après le semis. Les feuilles de la base sont cueillies au fur et à mesure des besoins. Il est recommandé d'ôter les fleurs quand elles apparaissent, afin d'augmenter la pousse du feuillage. Le cerfeuil est peu sensible aux maladies et aux parasites, sauf la rouille qui peut faire son apparition. Dans ce cas de figure, arrachez le plant et brûlez-le. Laissez monter en graine quelques pieds, le cerfeuil se ressèmera tout seul.

RÉCOLTE ET CONSERVATION

Coupez les tiges les plus développées au ras du sol selon les besoins. Mieux vaut privilégier le cerfeuil frais pour la cuisine, car séché, il perd quasiment toute sa saveur initiale.

EMPLOI CULINAIRE

Le cerfeuil perd son goût à la cuisson, il est donc recommandé de l'ajouter en toute fin de cuisson, ou simplement d'en parsemer les plats juste avant de les servir. Son goût légèrement anisé s'accorde parfaitement avec le poisson et les fruits de mer. Il ajoute une agréable note de fraîcheur dans les préparations comme les omelettes, les œufs brouillés, les œufs cocottes, les salades diverses et variées, les potages et veloutés, etc. C'est avant la floraison que le cerfeuil est le plus savoureux.

LE + SANTÉ

Le cerfeuil est réputé pour ses qualités nutritionnelles, en particulier sa richesse en vitamine A, vitamine B9 et vitamine C. C'est un remarquable « réservoir » de minéraux et d'oligo-éléments. Ses fibres sont tendres, peu abondantes et bien supportées par l'organisme. Le cerfeuil est mieux assimilé s'il est ciselé finement. Ces propriétés thérapeutiques sont surtout diurétiques et toniques.

LA CIBOULETTE

Allium schoenoprasum

- Famille des liliacées
- Originaire de Chine

Le conseil du jardinier

Plantez la ciboulette à proximité de vos rosiers, elle les protégera et évitera que des taches brunes ne surviennent.

HISTOIRE

La ciboulette est une plante aromatique cultivée pour ses tiges souvent utilisées comme condiment. Elle se rapproche de l'ail et de l'oignon par sa saveur. Si les Chinois cultivaient déjà une espèce similaire il y a 5 000 ans pour combattre les poisons et les hémorragies, les propriétés médicinales et gustatives de la ciboulette ne seront connues en Europe (où elle est apparue au XIVe siècle) qu'au XVIe siècle. La ciboulette était alors nommée – et l'est encore aujourd'hui – « appétit » à cause de ses vertus apéritives. Elle est d'abord cultivée le long de la Méditerranée, puis, vite acclimatée, on la retrouve dans l'ensemble de l'Europe, avant qu'elle ne soit introduite en Amérique du Nord par les colons. Ainsi, les colons hollandais de New Amsterdam (futur New York), par exemple, plantaient intentionnellement de la ciboulette dans leurs pâturages afin que le lait des vaches en soit parfumé.

CULTURE

La ciboulette pousse partout si le sol est de bonne qualité. Toutefois, dans des terres sèches ou privées d'eau l'été, ses tiges durcissent et jaunissent rapidement. Semez dans des sillons de 2 cm de profondeur entre avril et mai, dans une terre bien émiettée, puis recouvrez de terre fine. Tassez avec le dos du râteau et arrosez en pluie fine pour éviter de créer des cuvettes. Pour avoir des plants bien fournis au printemps, mettez en place des touffes de ciboulette achetées en jardinerie tous les 15 cm environ. La croissance est rapide, mais apportez en cours de végétation un peu de purin d'ortie dilué dans l'eau d'arrosage. Dans des conditions idéales, la ciboulette repousse chaque année de sa souche.

RÉCOLTE ET CONSERVATION

La ciboulette se conserve quelques jours au réfrigérateur dans le bac à légumes. Elle se congèle facilement sans blanchiment. Pour faire sécher correctement la ciboulette, étalez-la sur une grille métallique posée dans un endroit bien sec.

EMPLOI CULINAIRE

La ciboulette est souvent classée parmi les fines herbes et utilisée pour assaisonner un grand nombre de plats, aussi bien chauds que froids. Elle aromatise et décore la vinaigrette, la mayonnaise, les salades, les légumes, les potages, les sauces, les fromages frais, les omelettes, les pâtes alimentaires, les poissons, etc. On l'ajoute au dernier moment en coupant les tiges aux ciseaux. Comme quasiment toutes les herbes, mieux vaut ne pas les cuire, car leur saveur en serait diminuée.

LE + SANTÉ

En plus d'apporter de la couleur et de la saveur aux mets, la ciboulette s'avère un condiment intéressant d'un point de vue nutritionnel lorsqu'on la consomme en plus grande quantité. La ciboulette apporte une quantité appréciable de vitamine C et de bêta-carotène. Comme toutes les herbes, elle n'est pas calorique. On peut en extraire son jus : il est très utilisé comme vermifuge.

LA CORIANDRE

Coriandrum sativum

- Famille des ombellifères
- Originaire d'Asie et du Moyen-Orient

Le conseil du jardinier
Hormis des attaques de mildiou, les maladies sont rares, par contre faites attention aux pucerons, ils adorent cette plante.

HISTOIRE

La coriandre, appelée parfois « persil arabe » ou « persil chinois », est connue depuis toujours au Moyen-Orient et en Asie du Sud-Est, et reste encore aujourd'hui un aromate essentiel dans les cuisines indienne, pakistanaise et chinoise. C'est une plante herbacée annuelle ou bisannuelle. Ses graines sont parmi les plus anciennes épices connues. Elles ont ainsi été cultivées en Égypte il y a plus de 3 500 ans. On retrouve aussi la trace de la coriandre en Grèce vers 1 400 avant notre ère : elle était alors utilisée comme médicament. Son nom est d'ailleurs dérivé du grec et signifie « mari de la punaise », à cause de l'odeur forte de ses feuilles fraîches et de ses graines encore vertes. Les Romains, quant à eux, s'en servaient pour conserver la viande. La culture de la coriandre a ensuite été encouragée en France par Charlemagne. Cette herbe est aujourd'hui très estimée en Amérique latine et en Asie, spécialement en Inde, en Chine et en Thaïlande.

CULTURE

La coriandre supporte aisément un terrain calcaire. Optez pour un sol bien drainé avec une fumure de l'année précédente. Entre avril et mai, semez en place dans des sillons de 1 cm de profondeur, et recouvrez ensuite de terreau. Arrosez copieusement et maintenez le sol humide jusqu'à la levée. Ensuite, la coriandre se débrouille toute seule. Pour profiter au maximum des feuilles de coriandre, il est nécessaire de supprimer les boutons floraux pour prolonger la production. Par ailleurs, il est préférable de ne pas cultiver de la coriandre à proximité d'une planche de fenouil, car les deux espèces ne poussent pas bien ensemble.

RÉCOLTE ET CONSERVATION

La coriandre fraîche est très périssable. Lorsque les racines sont absentes, recouvrez la coriandre d'un linge humide, puis mettez-la dans le bac à légumes. Elle se conservera 2 à 3 jours. La coriandre fraîche se congèle facilement car elle n'a pas besoin d'être blanchie. Elle a cependant tendance à perdre sa fermeté, alors il convient de l'utiliser sans la décongeler.

EMPLOI CULINAIRE

Dans le nord de l'Europe, on utilise les graines de coriandre dans les mélanges d'épices et pour parfumer certains alcools comme le gin. On retrouve aussi la coriandre dans le chili con carne traditionnel, les tajines, les légumes à la grecque, le guacamole, etc. En Inde, les feuilles et les graines sont utilisées dans les curry. Les feuilles fraîches parfument agréablement les ragoûts, les potages, les salades, les légumes frais, les poissons, les volailles et les œufs, etc. Le goût de la coriandre est assez fort, par conséquent elle doit être utilisée en petites quantités.

LE + SANTÉ

La coriandre est réputée pour ses propriétés médicinales, on la dit notamment carminative (elle réduit les gaz intestinaux) et stomachique (aide à la digestion). On s'en sert aussi pour soulager les rhumatismes, les douleurs articulaires, la grippe et la diarrhée. On suggère d'ajouter des graines de coriandre moulues dans les lentilles ou les autres légumineuses au moment de les faire cuire, car les graines de coriandre ont la réputation de faciliter la digestion.

L'ÉCHALOTE

Allium ascalonicum

- Famille des liliacées
- Probablement originaire d'Afghanistan et d'Asie

Le conseil du jardinier

Les endroits où ont été plantés des oignons, poireaux ou aulx seront à éviter pendant 3 ans.

HISTOIRE

L'échalote est une plante bulbeuse, cultivée comme condiment et plante potagère. Le terme « échalote » désigne aussi le bulbe lui-même, qui fait partie depuis longtemps de la gastronomie française. Tout comme celle de l'oignon, l'origine de l'échalote reste inconnue. On sait que les Palestiniens antiques la vénéraient et la consommaient durant leurs rituels religieux, tout comme les Perses et les Égyptiens, qui lui ont aussi voué un culte. Elle n'est signalée en Europe que dans le courant du Moyen Âge. Elle trouvera alors sa terre d'élection dans le nord de la France, les cuisines des régions septentrionales étant plus demandeuses de ce légume-condiment que celles des bords de la Méditerranée. L'échalote est surtout utilisée en France depuis le XIIIe siècle, mais elle était déjà présente dans les jardins de Charlemagne.

CULTURE

Les variétés cultivées en France se rattachent à deux grands groupes: les échalotes grises, plus appréciées car plus aromatiques, et les échalotes roses de Jersey, mariées avec la fameuse cuisse de poulet. Choisissez un terrain léger et sablonneux, et surtout pas humide et argileux. N'apportez pas de nouvelle fumure, l'échalote se contentant de l'ancienne des années précédentes. Plantez les échalotes grises en novembre et les roses fin février ou début mars. Pour cela, tracez des rangs espacés de 25 cm, puis enfoncez les caïeux tous les 12 cm environ. Recouvrez légèrement de terre sans tasser. Évitez les arrosages, ne faites seulement que quelques binages pour empêcher l'herbe d'étouffer votre plantation. En fin de culture, dégagez la terre autour des échalotes pour éviter un échauffement des bulbes qui entraînerait une mauvaise conservation. Attendez le jaunissement du feuillage pour commencer à arracher les échalotes, en principe 5 mois après la plantation dans les bonnes années.

RÉCOLTE ET CONSERVATION

L'échalote grise ne se conserve que quelques semaines après sa récolte à l'automne, d'où la difficulté de la trouver hors saison. Les autres variétés se conservent quelques mois. Gardez tous les types d'échalote au sec et à la température de la pièce.

EMPLOI CULINAIRE

Les échalotes s'utilisent cuites ou crues. Crues, elles servent à aromatiser les salades et crudités. Cuites, elles entrent dans la confection des sauces, des courts-bouillons, ou accompagnent les plats de viande. Les feuilles ciselées peuvent remplacer la ciboulette.

LE + SANTÉ

Pauvre en sucre et en lipide, l'échalote fait partie des légumes phares de l'alimentation allégée. Elle contient deux fois plus de fibres que les autres légumes. Cette particularité la place parmi les aliments les plus digestes et les plus intéressants pour les transits paresseux. Enfin, sa grande quantité de potassium et sa faible teneur en sodium renforcent l'action diurétique de l'échalote.

L'ESTRAGON

Artemisia dracunculus

- Famille des astéracées
- Originaire du Moyen-Orient

Le conseil du jardinier

L'estragon ne gèle pas, mais ses racines craignent le froid et l'humidité stagnante. Une bonne couche de paille protégera les pieds en hiver

HISTOIRE

Plante aromatique vivace et persistante originaire d'Asie, le nom latin de l'estragon signifie « petit dragon ». Une croyance populaire voudrait d'ailleurs qu'il soit la panacée contre les morsures de serpent. Il fut introduit en Europe au XIIIe siècle par les Arabes, qui s'en servaient pour traiter la peste et le choléra. Charlemagne l'utilisait déjà contre les maux de dents. À ces époques, il n'est employé en effet que pour ses vertus thérapeutiques. C'est à partir du XVIe siècle qu'il entre dans la cuisine pour parfumer les mets, et il est considéré dès lors comme la reine des herbes, utilisée comme base de certaines sauces, comme la béarnaise par exemple.

CULTURE

L'estragon apprécie les sols frais, sains, souples, perméables et très bien ensoleillés. Une terre bien drainée doit avoir une bonne proportion de sable et cailloux. Si votre terrain est par nature compact, humide et difficile à travailler, il vous faudra une bonne dose de patience pour lui apporter les qualités nécessaires à la culture de l'estragon. Plantez les pieds d'estragon tous les 60 cm environ. Tous les 3 ou 4 ans, divisez les plants en faisant attention de garder un maximum de racines. Changez les emplacements à chaque fois que vous replantez. L'arrosage est nécessaire par forte chaleur. L'estragon supporte toutes les autres cultures aux alentours; il est très peu souvent malade, sauf de la rouille qui peut attaquer le feuillage.

RÉCOLTE ET CONSERVATION

Cueillez les feuilles sur les tiges et conservez-les dans un verre d'eau comme on le fait pour le persil. Vous pouvez les ciseler et les congeler dans un bac à glaçons recouvert d'eau. En dernier recours, faites-le sécher la tête en bas dans une pièce aérée avant de le stocker dans un bocal.

EMPLOI CULINAIRE

L'estragon accompagne très bien les viandes, les volailles, les poissons et les œufs. On réalise avec lui des sauces comme la béarnaise, et il donne aussi une touche agréablement anisée et poivrée aux sauces gribiche, tartare, ravigote et rémoulade. Utilisez-le également dans la préparation des cornichons. De même, il aromatise très bien le vinaigre de vin rouge ou blanc. Pour les personnes au régime sans sel, l'estragon peut aussi remplacer allègrement le sel et le poivre dans une salade de crudités. C'est enfin à partir de cette plante qu'est fabriquée une huile essentielle servant à de nombreux usages dans l'industrie agroalimentaire.

LE + SANTÉ

L'estragon est un stimulant digestif, grâce à sa grande richesse en vitamine C. Consommez ses feuilles fraîches ciselées et vous retrouverez l'appétit ainsi qu'une bonne digestion. Également diurétique et vermifuge, il assure le bon fonctionnement du transit intestinal. Mâcher des feuilles d'estragon permet enfin de garder une bonne haleine mais aussi, chose rare, de stopper le hoquet. Alors, mâchons de l'estragon!

LE LAURIER-SAUCE

Laurus nobilis

- Famille des lauracées
- Origine : Pourtours de la Méditerranée

Le conseil du jardinier

Attendez la deuxième année pour commencer à prendre quelques feuilles à votre laurier sans trop le dénuder.

HISTOIRE

Le laurier-sauce est un arbuste à feuilles persistantes et coriaces. Cette persistance en a fait un symbole d'immortalité dans l'Antiquité gréco-romaine, raison pour laquelle, tressé en couronne, le laurier honorait les poètes ainsi que les généraux victorieux ; voilà pourquoi aujourd'hui on dit qu'il ne faut pas « s'endormir sur ses lauriers » après un succès. Le laurier toujours vert était aussi dédié à Apollon, dieu de la jeunesse et de la fertilité. Il fut ensuite introduit peu à peu dans les plus beaux jardins, et apparaît sur de nombreuses toiles de peintres naturalistes. La langue française doit également à cet arbuste le mot « baccalauréat ». On plaçait la couronne de rameaux sur la tête des lauréats aux examens pour les gratifier à la fin de leurs études.

CULTURE

De tous les lauriers existants, seul le laurier-sauce est comestible. Dans le nord de la France, protégez le pied et le feuillage avec un voile d'hivernage pendant la période froide, mais attention : en cas de gel, votre laurier repartira de la souche, ce qui évidemment occasionnera un retard dans sa progression. Plantez un pied de laurier à l'abri du vent, l'idéal étant au pied d'un mur exposé au sud. Creusez un trou plus grand que la motte de l'arbuste. Mettez un peu de corne broyée au fond, et recouvrez avec un peu de terreau avant de mettre la motte dans le sol. Surtout, n'enterrez pas le plant trop profond. Tassez un peu le sol, en prenant soin de former une cuvette pour pouvoir l'arroser une fois par semaine la première année, surtout en période de sécheresse.

RÉCOLTE ET CONSERVATION

Privilégiez la récolte au fur et à mesure des besoins, idéal pour avoir les meilleures saveurs. Les feuilles fraîches se conservent en sacs en papier dans le réfrigérateur. En cas de grosse récolte et d'impossibilité de cueillir le laurier en hiver, faites-le sécher en le suspendant dans un lieu sec aéré et à l'abri de la lumière. Une fois bien sec, mettez-le dans un bocal hermétique à l'abri de la lumière, afin qu'il conserve au mieux son arôme assez volatil.

EMPLOI CULINAIRE

Le laurier-sauce est indispensable au bouquet garni. Il parfume la soupe à la tomate et la ratatouille. Il est parfait pour aromatiser les marinades. Son parfum se développe tout au long de la cuisson : il est pratiquement indispensable aux cuissons à l'étouffée et aux plats tels que les ragoûts, les daubes ou encore le pot-au-feu. Difficile de s'en passer également lors de la préparation d'un court-bouillon ; tout comme dans les eaux de cuisson des pâtes, du riz, etc.

LE + SANTÉ

Les feuilles de laurier-sauce dégagent un arôme très prononcé lorsqu'on les brise, car elles sont riches en huile essentielle. Les fruits de l'arbuste en sont aussi bien pourvus. C'est cette huile qui confère à l'arbuste des propriétés médicinales reconnues. Le laurier a en effet une action antiseptique, antivirale et bactéricide. Ainsi, il est un remède efficace pour les plaies, les aphtes et les abcès dentaires. On l'utilise aussi en infusion contre la fatigue et aussi en gargarisme contre les angines.

LA MÉLISSE

Melissa officinalis

- Famille des labiées
- Origine : Est du Bassin méditerranéen

Le conseil du jardinier

Au jardin, la mélisse aide les rosiers et les arbres fruitiers par son odeur, car elle favorise largement la pollinisation en attirant les abeilles.

HISTOIRE

La mélisse est une plante répandue dans toute l'Europe dès l'Antiquité. Elle était alors considérée comme un remède efficace contre la mélancolie. Au début du XXe siècle, elle était encore prescrite en phytothérapie c'est-à-dire la thérapie par les plantes, pour combattre les troubles de l'humeur. Les tiges et les feuilles sont encore aujourd'hui utilisées comme toniques et stimulants. Le goût de la mélisse est astringent et son arôme léger. On connaît également l'eau de mélisse des Carmes, créée en 1611 par les religieux du carmel de la rue Vaugirard à Paris. Elle est fabriquée aujourd'hui par un laboratoire pharmaceutique français, suivant la recette originale dont le secret reste bien gardé. La bénédictine et la chartreuse sont aussi des liqueurs créées vers la fin du Moyen Âge et à la Renaissance dans des monastères français ; on les appelait liqueurs de santé.

CULTURE

La mélisse peut être cultivée sur un sol riche, léger et bien ensoleillé. Jetez au fond du trou un peu de gravier pour faire un bon drainage, puis plantez les pieds à 50 cm en tous sens. Attention : la mélisse devient très envahissante si on ne prend pas garde ! Il est nécessaire de diviser les touffes tous les 2 ou 3 ans, pour les repiquer dans un endroit différent. Un arrosage très léger convient parfaitement. Faites attention aux limaces, elles sont gourmandes de cette plante.

RÉCOLTE ET CONSERVATION

Cueillez les feuilles à 12 cm du sol environ au fur et à mesure des besoins. Éliminez les fleurs fanées car elles donnent un sérieux goût amer. Vous pouvez les faire sécher dans un endroit sec et bien aéré. La congélation donne de bon résultat sur ce genre de produit.

EMPLOI CULINAIRE

En cuisine, les arômes citronnés du feuillage de la mélisse donnent une saveur fraîche aux viandes, volailles, poissons, salades de fruits et de légumes, aux soupes et aux puddings. La mélisse est utilisée en Espagne pour aromatiser le lait. Aux Pays-Bas, on l'utilise dans les marinades de hareng et d'anguille.

LE + SANTÉ

L'eau de mélisse est obtenue par distillation des feuilles fraîches de cette plante et a des propriétés antispasmodiques. La mélisse peut aussi être consommée sous forme de tisane. En infusion, à raison de 80 g pour 1 l d'eau bouillante, elle a un effet légèrement sédatif, et favorise de plus la sudation, c'est pourquoi elle est recommandée dans les cas d'insomnie ou par forte chaleur chez le nourrisson et les personnes âgées. La mélisse aide aussi à soigner la migraine et à apaiser les personnes trop nerveuses. L'huile de mélisse réduit les boutons de fièvre.

LA MENTHE POIVRÉE

Mentha piperita

- Famille des lamiacées
- Origine de la région méditerranéenne

Le conseil du jardinier

Au soleil, elle charmera tous les insectes butineurs.

HISTOIRE

Originaire d'Asie et d'Europe médiévale, la menthe, symbole de la sagesse dans la tradition populaire, est une plante connue pour son parfum fort et agréable. Elle embaumait les temples grecs et les demeures des Hébreux, comme cela est mentionné dans la Bible. La menthe (verte, poivrée, crépue, bonhomme, ananas, etc.) est en effet reconnue pour ses nombreux usages depuis les temps anciens. On s'en servait non seulement pour parfumer les intérieurs, mais également à des fins médicinales et culinaires. La menthe poivrée est parmi les espèces les plus courantes, car elle est très aromatique. Les femmes des Romains aimaient mastiquer de la menthe mélangée à du miel. Les Grecs, eux, pensaient que la menthe était aphrodisiaque et interdisaient à leurs soldats d'en consommer, tant elle rendait lascif et diminuait le courage…

CULTURE

La menthe poivrée a des feuilles ovales et lancéolées qui sont rattachées à une tige vert mauve, dont la coloration se retrouve jusque dans les veines des feuilles. De petites fleurs violettes poussent aux extrémités des branches. Installez-la à l'automne dans un coin à mi-ombre, dans une terre riche et profonde. La menthe étant très envahissante, il est préférable de la planter dans un endroit peu gênant. Il y a environ 25 variétés de menthe, toutes aussi facile à cultiver les unes que les autres. Coupez toujours le feuillage à 15 cm du sol pour une deuxième production. En fin de saison, coupez à ras du sol et couvrez d'un peu de terre pour protéger du froid.

RÉCOLTE ET CONSERVATION

Récoltez la menthe au fur et à mesure des besoins, car elle supporte très mal le stockage dans le réfrigérateur. Si vous avez une récolte abondante, mieux vaut privilégier un séchage dans un endroit aéré, frais et à l'abri de la lumière.

EMPLOI CULINAIRE

La menthe poivrée a une odeur forte et pénétrante. Une petite quantité suffit amplement à parfumer les aliments. Elle aromatise les sauces, les gelées, les salades de concombre, les petits pois frais. Elle entre dans la composition des rouleaux de printemps vietnamiens et du taboulé libanais. Elle assaisonne aussi très bien les grillades, les rôtis d'agneau, de mouton, les boulettes de viande, etc. La menthe poivrée est la plus parfumée, elle intervient notamment en confiserie pour la fabrication des chocolats, des bonbons, des liqueurs, mais aussi en pâtisserie pour les salades de fruits, les glaces, les sorbets, les gâteaux divers et variés.

LE + SANTÉ

La menthe poivrée est une plante stimulante et rafraîchissante. Elle est très efficace contre les spasmes, le hoquet, les indigestions, les gaz intestinaux et pour faire baisser la fièvre. Pour cela, faites une infusion à raison de 20 à 30 g de feuilles pour ½ l d'eau bouillante. Laissez infuser de 5 à 10 min avant de consommer 2 à 3 tasses par jour. Attention, une infusion de menthe le soir peut entraver le sommeil, d'ailleurs certains l'emploient pour veiller.

L'ORIGAN

Origanum vulgare

- Famille des lamiacées
- Origine : Bassin méditerranéen et d'Asie centrale

Le conseil du jardinier

Attention, en cas de mauvais drainage les racines pourrissent facilement.

HISTOIRE

L'origan est une plante herbacée vivace, parfois confondu avec la marjolaine qui elle est une plante annuelle et moins parfumée que l'origan. Connu et reconnu par les peuples de l'Antiquité pour son goût prononcé et ses vertus médicinales, l'origan était employé en décoction et en cataplasme. Les Grecs et Romains lui attribuaient des vertus aphrodisiaques. C'était pour eux la plante du bonheur et de l'amour que l'on offrait aux jeunes mariés. Les Égyptiens, eux, se servaient de l'origan pour embaumer les morts et apaiser les dieux. Cette plante vivace pousse spontanément sur les versants ensoleillés et pierreux des montagnes d'Europe, qu'elle embellit avec ses fleurs rose pâle.

CULTURE

L'origan se sème en mars ou avril, en pot et sous une serre. Les graines lèvent en 5 jours. Repiquez-les au jardin quand le sol est réchauffé. L'origan se cultive dans un sol léger, légèrement riche et sec, dans un endroit ensoleillé. Préparez le sol en faisant un mélange de terre avec un bon terreau, du sable et du compost. Si le sol est argileux, ajoutez davantage de sable. Coupez si besoin l'extrémité de vos racines en éliminant les parties abîmées. Placez vos plants et paillez-les, cela maintiendra la chaleur et évitera la pourriture. Tassez doucement, puis arrosez abondamment. Il faut éviter de tailler avant les premières gelées. La plante peut être attaquée par les pucerons et les araignées rouges, mais assez rarement quand même.

RÉCOLTE ET CONSERVATION

Conservez l'origan au réfrigérateur en prenant soin de le protéger d'un papier absorbant. Ainsi, il conservera sa saveur pendant au moins une semaine. L'origan frais se garde également très bien au congélateur. Pour cela, blanchissez-le quelques instants avant de le congeler, ensuite il suffit simplement de le casser pour aromatiser les aliments. Enfin, on peut aussi le faire sécher dans une pièce sombre et aérée. Suspendu en bouquet à une température normale, il sèche en une quinzaine de jours.

EMPLOI CULINAIRE

L'origan accompagne à merveille tous les plats d'origine méditerranéenne comme les pizzas, à base de tomates, d'huile d'olive ou de fromage frais comme la mozzarella. Il est excellent sur les grillades, surtout les côtes d'agneau. La légende raconte que les Grecs faisaient brouter le bétail sur les coteaux où poussait l'origan afin d'obtenir une viande plus goûteuse.

LE + SANTÉ

L'huile essentielle dont l'origan regorge est très utilisée pour ses vertus antibactériennes et antiparasites. En outre, cette plante a une action stimulante sur les fonctions digestives et biliaires. Boire son infusion d'origan permet en effet d'éviter les désagréments d'un repas trop copieux ou tout simplement d'une digestibilité fragile. Cette tisane peut aussi soulager les migraines, l'anxiété et l'insomnie. Enfin, l'origan est un véritable coup de fouet contre les maux de l'hiver. Expectorant, il est l'allié des enrhumés et des personnes assujetties à des bronchites chroniques. On constate même une action bénéfique sur l'asthme.

LE PERSIL

Petroselinum crispum

- Famille des ombellifères
- Origine : Europe méridionale

Le conseil du jardinier

Au début de l'hiver, protégez le persil avec une toile pour éviter que le froid et la neige ne brûlent les feuilles.

HISTOIRE

Le persil est devenu l'une des plantes aromatiques les plus utilisées en cuisine. Les Grecs, qui estimaient cette plante, couronnaient les vainqueurs des Jeux isthmiques de chapelets composés de ses feuilles, et en confectionnaient aussi des couronnes pour honorer les morts. Au Moyen Âge, le persil était cultivé uniquement pour ses vertus curatives. Charlemagne fut l'un des premiers à l'apprécier en tant qu'herbe aromatique, mais ce ne sera que vers le XVe siècle que le persil connaîtra le succès dans les cuisines de France.

CULTURE

Le persil est une plante très peu exigeante, il accepte tous les types de sol, avec toutefois une préférence pour une terre légère. Avant de semer de mars à août, faites tremper les graines 24 h dans un peu d'eau. Cela permet une germination un peu plus rapide, mais prévoyez quand même 15 jours. En cas de semis trop épais, éclaircissez les plants pour permettre aux autres de pousser correctement. Arrosez copieusement aussi souvent que le besoin s'en fait sentir. Trois espèces de persil sont cultivées : le *persil commun* apprécié pour son parfum et sa saveur, le *persil frisé* génial pour la décoration des plats, et le *géant d'Italie* très parfumé et très productif, dont les feuilles sont plus larges et les tiges plus hautes.

RÉCOLTE ET CONSERVATION

Le persil se consomme bien frais et vert. Vous pouvez le garder quelques jours en bouquets, les tiges plongées dans un verre d'eau, ou au réfrigérateur, dans une boîte fermée. Hachez-le avant de le congeler, les résultats sont assez corrects. Vous pouvez aussi le sécher. Pour cela, disposez les herbes sur une grande plaque et enfournez dans un four sur th. 2/3 pendant 30 min ; renouvelez si le séchage n'est pas terminé. Une fois les herbes bien séchées, il ne reste plus qu'à les effriter entre les mains, puis à les mettre en pots. Plusieurs herbes fraîches se prêtent bien à ce type de traitement, mais alors elles perdent presque toute leur vitamine C.

EMPLOI CULINAIRE

Le persil décore les plats avec élégance et raffinement. Pratiquement tous les mets salés bénéficient de l'addition d'une pincée de persil. N'hésitez pas à ajouter du persil dans vos plats sucrés, comme les salades de fruits par exemple. Plus original, osez la gelée de persil pour faire le plein de vitamine dès le petit déjeuner, ou encore la glace au persil, un vrai régal de fraîcheur.

LE + SANTÉ

Jusqu'au Moyen Âge, le persil avait un statut de plante médicinale, stimulante, tonique et diurétique avant tout. Il était fortement préconisé dans les cas de maladies hépatiques et rénales. Les minéraux sont très abondants dans le persil, comme le potassium, le calcium, le magnésium, le fer. On y trouve aussi des oligo-éléments tels que le zinc, le cuivre, le nickel, etc. Le persil est enfin un aliment champion pour son apport en vitamine C. C'est donc une des fines herbes que l'on peut consommer sans modération.

LE ROMARIN

Rosmarinus officinalis

- Famille des labiées
- Origine : Garrigues de la région méditerranéenne

Le conseil du jardinier

Le romarin est un excellent compagnon de culture, il repousse les insectes ravageurs et les maladies des autres plantes potagères.

HISTOIRE

Le romarin était utilisé par les Grecs pour confectionner des couronnes tout d'abord destinées aux jeunes épouses lors de la cérémonie de mariage. Les feuilles ont par la suite orné les têtes des étudiants, car cette plante était reconnue pour avoir une action stimulante sur les fonctions mentales. L'histoire veut aussi que la reine de Hongrie, qui souffrait de rhumatismes chroniques, ait été délivrée de ses problèmes grâce à un remède à base de romarin. Histoire vraie ou pas ? Quoi qu'il en soit, les dames de la Cour de Louis XIV se sont toutes laissé convaincre par les vertus de cette eau de romarin.

CULTURE

Les pieds de romarin se plantent en automne sur un emplacement abrité du vent et exposé côté sud de préférence. Ses branches, couvertes d'une écorce écailleuse, portent des tiges ligneuses. Ressemblant à des aiguilles, ses petites feuilles vertes sombres sur le dessus sont blanchâtres sur la face inférieure. Entre février et avril apparaissent de petites fleurs bleu pâle en cloche qui laissent ensuite place à des fruits bruns. C'est un arbuste très résistant aux maladies ; il attire les abeilles, ce qui donne au miel un goût très spécial.

RÉCOLTE ET CONSERVATION

Coupez et conservez les branches de romarin fraîches dans un verre d'eau. Une fois séché, le romarin se conserve plusieurs mois dans une boîte hermétique. En amont, pendez les branches dans un endroit aéré et sombre pendant 2 semaines environ. On peut aussi ciseler les feuilles dans un bac à glaçons et recouvrir d'eau. Il suffit alors d'utiliser ces cubes pleins d'arômes quand on le désire.

EMPLOI CULINAIRE

Parfumer les barbecues avec du romarin, c'est un plaisir sans fin. Le romarin relève les mets salés en leur apportant une touche provençale. Il assaisonne également très bien les grillades, les viandes blanches, les tomates et le riz. N'hésitez pas à en parsemer sur certains desserts comme les salades de fruits, les compotes et les tartes aux figues ou aux pêches.

LE + SANTÉ

Comme les autres plantes aromatiques, le romarin possède des valeurs médicinales, découvertes au fil des siècles. Si les Grecs l'utilisaient pour renforcer la mémoire, il a en premier lieu une action antispasmodique et stimulante. Il est d'ailleurs utilisé pour soulager les tensions, qu'elles soient d'origine musculaire ou nerveuse. C'est la raison pour laquelle il est volontiers préconisé lors de fatigues et de déprimes passagères. En plus, il possède aussi un effet diurétique. En infusion ou décoction, le romarin est un véritable chasseur de toxines. De plus, son huile essentielle soulage les douleurs rhumatismales.

LA SARRIETTE

Satureja montana

- Famille des lamiacées
- Origine : Asie centrale

Le conseil du jardinier
Pour une bonne production, rabattez les tiges chaque printemps à 15 cm du sol environ.

HISTOIRE

Cette plante était déjà bien établie dans le Bassin méditerranéen à l'époque des Égyptiens, des Grecs et des Romains, qui s'en servaient d'ailleurs en cuisine et en médecine. La sarriette a été importée en Europe centrale et septentrionale par des moines bénédictins itinérants et a été pendant très longtemps, dans la croyance populaire, la « plante du bonheur ». Sa culture et sa consommation n'allaient néanmoins pas tarder à être interdites aux moines, car elle était réputée éveiller et stimuler les instincts sexuels réprimés. Aujourd'hui, elle est toujours récoltée à l'état sauvage. La sarriette était un substitut au poivre durant les périodes où cette épice était rare, notamment durant la Seconde Guerre mondiale.

CULTURE

La sarriette adore un sol léger, calcaire et bien exposé au soleil. Faites les semis entre avril et mai sous abri. Repiquez lorsque les premières feuilles apparaissent et que le système racinaire est parfaitement développé. Paillez les pieds en hiver, la sarriette craignant le froid. On en distingue deux espèces : la sarriette des jardins au goût délicat et assez doux, qui porte des feuilles longues et étroites de couleur verte, et en été des fleurs de teinte blanche à rose pâle ; puis la sarriette des montagnes, formant un petit buisson compact avec un feuillage vert sombre et dont les fleurs, situées uniquement à l'extrémité des branches, sont mauves. Elle est beaucoup plus puissante en goût.

RÉCOLTE ET CONSERVATION

La sarriette se conserve 1 ou 2 semaines, enveloppée dans un linge humide. Elle se congèle très bien après avoir été ciselée finement, soit dans un bac à glaçons recouvert d'eau, soit dans un sac hermétique. Vous pouvez aussi la déshydrater dans un four à faible température pendant quelques heures, ensuite la garder à l'abri de la lumière dans un bocal.

EMPLOI CULINAIRE

Sa saveur est excellente dans les plats de pommes de terre ou de champignons, et de façon générale dans tous les ragoûts de légumes. C'est une plante idéale pour assaisonner un gigot d'agneau, des volailles, des poissons et des grillades, avant de les mettre au four ou sur le gril. C'est un assaisonnement traditionnel pour les salades à condition de ne pas en mettre trop.

LE + SANTÉ

Cette plante vivace contient des substances qui lui confèrent des vertus toniques et stimulantes. Ainsi, les systèmes immunitaires, circulatoires et neurologiques profitent de ses effets. En friction, elle constitue un excellent remède à la fatigue, à l'hypotension et à la déprime passagère. La sarriette possède également des propriétés antalgiques. Consommée en infusion ou en grog, elle combat les infections virales et bactériennes, notamment au niveau pulmonaire (bronchite) et urinaire (cystite). Ses propriétés contre les flatulences sont reconnues dans la cuisine des légumineuses.

LA SAUGE

Salvia officinalis

- Famille des labiées
- Origine : Pourtours de la Méditerranée

Le conseil du jardinier

Proverbe qui montre la haute estime dans laquelle était tenue la sauge : « Qui a de la sauge dans son jardin, n'a pas besoin d'un médecin. »

HISTOIRE

Dans de nombreuses cultures, sa cueillette était soumise à un rite sacré. En Égypte, elle était consommée par les femmes pour accroître leur fertilité. Dans la Rome antique, seules les vierges avaient le droit de cueillir de la sauge. Son nom latin est déjà une sorte de diplôme, puisque *salvia* vient du verbe *salvare* qui signifie « sauver ». Pendant tout le Moyen Âge, elle reste une plante primordiale dans de très nombreuses préparations comme l'eau d'arquebuse, l'eau céleste ou l'eau impériale. Charlemagne en avait exigé la culture dans ses jardins. Plus tard, elle devint la boisson fétiche de Louis XIV, qui en buvait deux tasses chaque matin au réveil. Elle pousse naturellement dans la région du Languedoc-Roussillon.

CULTURE

Cette plante aromatique se cultive en sol léger et perméable, voire rocailleux, toujours exposé au soleil. Aucun apport de fumure n'est nécessaire à l'automne, un sol pauvre pouvant convenir. Malgré ses poils laineux, la sauge craint les très fortes gelées. Sa multiplication se fait par bouturage ou par partage des touffes, plus rarement par semis. Elle supporte très bien la sécheresse, donc pas d'arrosage systématique. Tous les 2 ans environ, coupez-la à 15 cm du sol pour l'aérer et lui redonner une nouvelle forme. Aucune maladie ne semble avoir une influence sur cette vivace. La sauge éloigne le papillon blanc du chou, la mouche de la carotte et les tiques.

RÉCOLTE ET CONSERVATION

La récolte des feuilles se fait du printemps à l'automne, aussi fréquemment qu'on le désire. Les feuilles fraîches se conservent peu de temps au réfrigérateur, même enveloppées dans un linge. Vous pouvez les faire sécher dans un endroit sec et bien aéré, puis les conserver dans une boîte hermétique à l'abri de la lumière. Si vous optez pour la sauge séchée, faites-le avant la floraison.

EMPLOI CULINAIRE

Les feuilles sont employées comme aromates en cuisine, tout particulièrement dans les marinades et dans l'assaisonnement du gibier. Les feuilles de sauge doivent être utilisées avec parcimonie car elles sont très parfumées. Vous pouvez en aromatiser les terrines de viande, le pâté de chevreuil, mais aussi les sauces, les farces de volaille, les soupes, et certains plats italiens. Les fleurs sont utilisées dans l'industrie alimentaire pour la confection des confitures.

LE + SANTÉ

Cette plante traite les troubles digestifs, la transpiration excessive, l'inflammation des muqueuses de la bouche, du nez, du pharynx et de la gorge. En tisane ou en aromate, elle facilite la digestion. Pour cela, infusez pendant 5 à 10 min 3 g de feuilles séchées dans 15 cl d'eau bouillante, puis buvez-en trois fois par jour. Mais attention : consommer trop d'infusions deviendraient dangereux pour la santé, surtout pour les femmes qui allaitent. Le pouvoir hormonal de la sauge la destine tout particulièrement aux femmes en période de ménopause ou pré-ménopause.

LE THYM

Thymus vulgaris

- Famille des lamiacées
- Origine : Bassin méditerranéen

Le conseil du jardinier
Comme beaucoup d'herbes aromatiques, le thym pousse très bien en jardinière sur le rebord d'une fenêtre.

HISTOIRE

Depuis plus de 12 000 ans, le thym accompagne la vie quotidienne des hommes, tant pour ses usages médicinaux et cosmétiques que culinaires. Cette plante comporte plus de 300 espèces. Ce sont des plantes rampantes ou en coussinet, portant de petites fleurs rose pâle ou blanches. Les Sumériens et les Égyptiens de la haute Antiquité l'utilisaient pour embaumer leurs morts. Chez les Romains, on faisait brûler du thym pour purifier l'air et éloigner les animaux nuisibles. Les militaires en mettaient dans leur bain pour se donner de la vigueur. Au Moyen Âge, le thym était de même réputé pour donner du courage aux chevaliers.

CULTURE

Le thym est très résistant et jamais malade ; il a besoin de beaucoup de soleil et préfère un terrain sec. Évitez trop d'humidité, il n'aime pas ça. La germination prend 2 ans, aussi il est préférable de reproduire la plante par division de racines, par marcottage ou par bouturage. Replantez les pousses tous les 30 cm environ. En été, taillez les pieds à 15 cm du sol, cela redonne de la vitalité à la plante. À chaque printemps, il est préférable de répandre de l'engrais ou de la poudre d'os. Outre le thym commun, plusieurs espèces sont appréciées : le thym sauvage (serpolet), le thym citron ou le thym des Alpes.

RÉCOLTE ET CONSERVATION

Les feuilles fraîches se conservent peu de temps au réfrigérateur, enveloppées dans un linge légèrement humide. Les feuilles séchées se conservent dans un pot fermé hermétiquement à l'abri de la lumière, pour une meilleure conservation de l'arôme. Pour faire sécher le thym, effectuez la récolte au printemps avant la floraison et suspendez-le dans un endroit frais et aéré.

EMPLOI CULINAIRE

Si vous avez l'habitude de parfumer vos plats avec du thym frais, sachez qu'il est plus aromatisé que le thym séché. Par conséquent, réduisez vos doses. Indissociable de la cuisine provençale, le thym convient à tous les plats à cuisson lente comme les ragoûts, soupes, légumes sautés, sauces tomates, farces, volailles rôties et viandes grillées. La saveur particulière du *thym citron* se marie très bien avec le poisson, le poulet et certains desserts aux fruits frais.

LE + SANTÉ

Le thym est conseillé principalement en cas de lenteurs et pesanteurs digestives, ou comme stimulateur d'appétit. En aromate ou en infusion, c'est un désinfectant des voies digestives, souvent associé au romarin et à la sauge. L'infusion de thym s'utilise aussi en bain de bouche en cas d'inflammation des gencives, et en gargarisme en cas d'irritation de la gorge ou d'angine. On lui accorde aussi des propriétés thérapeutiques cicatrisantes et aussi diurétiques.

TABLE DES RECETTES

AU PLAISIR DU

potager

Auteur
Jean-Marc Gourbillon

Directeur de collection
Frédérique Rose

Maquette
Grafic Cité

Edition, réalisation
CPE éditions

Crédit images
Fotolia : © vencav, Simone Andress, erico45, Michel Bazin, photka, pilipphoto - Vilmorin - Jardin potager, Atlas Iconographique

SAS CPE RCS B 398-382-416
BP 57 - ZA des pâtureaux - PRUNIERS
41 202 ROMORANTIN Cedex
Téléphone : 02 54 83 41 41
Fax : 02 54 76 77 98

almanachs@cpe-editions.com
www.cpe-editions.com

Imprimé en France par Imprimerie Clerc
Octobre 2014

ISBN : 978-2-36572-321-3
EAN : 9782365723213